身心灵魔力

品 / 格 / 丛 / 书

尽责

了却君王天下事

刘兴彪 ◎ 著

中国出版集团　现代出版社

图书在版编目（CIP）数据

尽责：了却君王天下事 / 刘兴彪著. —北京 ： 现代出版社，2013.12
（身心灵魔力书系）
ISBN 978 – 7 – 5143 – 1983 – 5

Ⅰ. ①尽…　Ⅱ. ①刘…　Ⅲ. ①散文集 – 中国 – 当代
Ⅳ. ①I267

中国版本图书馆 CIP 数据核字（2013）第 313635 号

作　　者	刘兴彪
责任编辑	刘　刚
出版发行	现代出版社
通讯地址	北京市安定门外安华里 504 号
邮政编码	100011
电　　话	010 – 64267325 64245264（传真）
网　　址	www.1980xd.com
电子邮箱	xiandai@ cnpitc. com. cn
印　　刷	北京兴星伟业印刷有限公司
开　　本	700mm × 1000mm　1/16
印　　张	13
版　　次	2019 年 4 月第 2 版　2019 年 4 月第 1 次印刷
书　　号	ISBN 978 – 7 – 5143 – 1983 – 5
定　　价	39.80 元

P 前　言
REFACE

· ·

为什么当今时代的青少年拥有幸福的生活却依然感到不幸福、不快乐？怎样才能彻底摆脱日复一日的身心疲惫？怎样才能活得更真实、更快乐？

许多人一踏上社会就希望一鸣惊人，名利双收地拥有一切。这样急功近利，不注重人生的积累，是难于起飞的；相反，能不辞辛苦地为自己拓展好助跑的跑道，从而争取优势不断发挥，才能逐渐使事业有所发展。那么给生命一个助跑的过程吧，这样，我们的人生就可以飞得更高。

一个人的成长、成熟、成功，其实是一个不断进行积累的循序渐进的过程，人的身上要拥有无穷大的潜力，主要靠平时的积累。助跑的过程其实就是让自己的潜力得到极致发挥的一种措施，就是为了让自己跑得更快、跳得更高、跳得更远。可以说，助跑的过程是一个漫长的过程，但没有这个过程是不可能最终获得成功的！我们每天都在积累，我们每天都在助跑，因为我们的心中有一个目标！

越是在喧嚣和困惑的环境中无所适从，我们越觉得快乐和宁静是何等的难能可贵！其实"心安处即自由乡"，善于调节内心是一种拯救自我的能力。当人们能够对自我有清醒认识，对他人能宽容友善，对生活无限热爱的时候，一个拥有强大的心灵力量的你将会更加自信而乐观地面对现实、面向未来。

尽责——了却君王天下事

　　本丛书将唤起青少年心底的觉察和智慧，给那些浮躁的心清凉解毒，进而帮助青少年创造身心健康的生活，来解除心理问题这一越来越成为影响青少年健康和正常学习、生活、社交的主要障碍。本丛书从心理问题的普遍性着手，分别描述了性格、情绪、压力、意志、人际交往、异常行为等方面容易出现的一些心理问题，并提出了具体实用的应对策略，以帮助青少年读者驱散心灵的阴霾，科学调适身心，实现心理自助。

C目　录
ONTENTS

第一章　责任心铸就好前程

积极投资自己的人生 ◎ 3

选择正确的人生线路 ◎ 6

有希望便有目标 ◎ 10

用心做好每一件事 ◎ 13

对成功要有强烈的意愿 ◎ 16

把工作当成最大的乐趣 ◎ 20

好习惯改变一生 ◎ 23

善于把握今天 ◎ 28

不要成为别人的复制品 ◎ 31

第二章　对你的每一天负责

人生需要热忱 ◎ 41

热忱激发力量 ◎ 46

不要因为错过而痛苦 ◎ 50

做真正的自己 ◎ 53

养成努力工作的习惯 ◎ 55

尽责——了却君王天下事

一天一个希望 ◎ 58

做个善于准备的人 ◎ 60

有勇气才有活力 ◎ 62

调整好自己的心态 ◎ 65

学会利用好时间 ◎ 67

以信心为支点超越自我 ◎ 70

第三章　兴趣加责任就是成功

兴趣比天资更重要 ◎ 75

兴趣会带领你成功 ◎ 78

做事需要毅力与恒心 ◎ 82

放眼现在才能改变一切 ◎ 86

坚持就是胜利 ◎ 88

按照自己的兴趣去闯 ◎ 94

成就与专心程度成正比 ◎ 97

坚持走好自己的路 ◎ 100

第四章　尽责需抛却一切借口

行动让想法更有价值 ◎ 105

对自己的目标主动出击 ◎ 109

立即行动 ◎ 112

不留退路 ◎ 115

不要为失败找借口 ◎ 117

学会放大你的优势 ◎ 120

第五章　学会责任型思维

当你做错了从心里说声对不起 ◎ 125

思维的区别 ◎ 127

能力有多大责任就有多大 ◎ 129

掌握自己奔跑的速度 ◎ 131

不要习以为常 ◎ 132

活着不仅仅只有自己 ◎ 134

责任提升执行力 ◎ 136

责任感是对人的基本要求 ◎ 139

第六章　努力尽到自己的责任

闯祸的男孩 ◎ 143

人生的竹篓 ◎ 145

第一份工作 ◎ 147

一次心理调查 ◎ 149

80 年以后抵达的信函 ◎ 151

责任比金钱更珍贵 ◎ 152

多一点点责任心 ◎ 154

注重细节 ◎ 156

从小事做起 ◎ 158

拒绝也是负责任 ◎ 160

认真对待每件事 ◎ 162

责任心的重要性 ◎ 164

责任无价 ◎ 166

时刻记得自己的责任 ◎ 168

让生命有意义 ◎ 170

尽责——了却君王天下事

持之以恒做到底 ◎ 172

满怀热情地学习 ◎ 174

第七章　在责任的天地里成长

救命的责任 ◎ 179

狼宝宝的幸福之家 ◎ 181

对自己负责 ◎ 183

自己的事情自己做好 ◎ 185

向需要的人伸出援手 ◎ 187

做好该做的事 ◎ 189

责任无小事 ◎ 191

与责任一路同行 ◎ 193

成为受欢迎的人 ◎ 195

责任是习惯 ◎ 197

有责任感的人是快乐的 ◎ 199

第一章
责任心铸就好前程

　　我们无法控制其他人,但至少要对自己负责,对自己的生命、自己的生活负责。如果每个人能真正做到对自己负责,就是另一种形式的对他人负责。

　　一个人要想获得成功,就要有自己独立的思想。要坚信别人能做到的,自己经过努力也同样可以做到,甚至做得更好。

　　在做任何一件事时,我们都不要做他人的复制品;要有充分的自信。这样,我们才能做自己想做的事,并且能够将它做好。

积极投资自己的人生

无论你具备多少知识，它都会累积在你的脑中，成为你自己的东西，永远不会消失！将知识转化为前进的动力，你离成功就只有一步之遥。

瓦尔特·斯科特爵士有一句名言："每个人所受教育的精华部分，就是他自己教给自己的东西。"这一名言同样适用于每一个在文、理科或艺术领域内有卓越成就的人。

学校里获取的教育其价值主要在于训练思维，使其适应以后的学习和应用。

一般说来，别人传授给我们的知识远不如通过自己勤奋学习所得的知识深刻。自己掌握的知识将成为一笔完全属于自己的财富。

只有具备坚实的基础，才能取得令人满意的学习效果。基础不是一天就可以打好的，它需要一个艰辛的积累过程。

"不积跬步，无以至千里；不积小流，无以成江海。"等到"积土成山，积水成渊"之时，也就是你学有所成之时。

在信息社会，对知识的吸收和更新是十分重要的。我们必须知道，追求知识的道路永远没有止境。我们只有通过不断坚持努力学习，不断更新知识，才能适应和跟上社会的发展。

根据个人的发展方向，适时地选择需要学习的知识，制订切实可行的学习计划，积极地进行自主学习，并把学到的东西应用到实践中去，通过实践来检验学习效果。

在不断地学习与检验中，完善自我，使自己更加出色。学习，应当成为每天必须完成的任务，做到"活到老，学到老"。

上学是幸福的。我们在学校的时候，求学成了"充电"的最佳时机。

在离开校园生活多年之后，你或许有时还在惦念那段"充电"的日子。但时光是不能倒流的，最现实的做法是要理清自己的思路，知道自己以后的路应该怎么走。

"自主学习"是从学校里出来后，为进一步加强自身实力而随着时代的步伐掌握原来在课堂上没有学到的新知识、新内容。学习，是每天的任务，一旦松懈，别人很快就会超过你。

一个善于坚持不懈学习的人，即使底子较差，前途也一定是光明的。对于国家来说也如此，一个善于学习的国家，一定是有希望的国家。

常听人抱怨："春天不是读书天，夏日炎炎最好眠，等到秋来冬又至，不如等待到来年。"

其实，这只是懒人不愿意学习的借口。不论你有多忙，一天中抽出点时间来学习，有百利而无一害。爱因斯坦说过："人的差异在于业余时间。"

究竟学什么呢？自主学习，就是自己给自己安排"课程"和"课本"。这里的"课本"并不是指现成的书籍，而是完全结合自身实际情况来设计学习计划。

一方面把你自己将来要从事的工作和目标作为选择"课程"的依据，从而确定"专业课程"。如果你将来想做企业老板，就要把经营管理和财务作为主要课程。

如果你将来想成为专业技术主管，不仅要学习与专业有关的知识，还要学习人力资源管理方面的内容，诸如此类。

另一方面就是把锻炼自己做人的品质以及社会适应力和竞争能力当作学习的目标，因为，这是"公共课"，而且是最关键的。

我们的课堂在哪里？"课堂"就是社会，具体而言就是我们所处的环境。

你接触的每一个人，无论是同事、下级还是领导，都是你的老师。诺贝尔物理学奖获得者杨振宁，一次在图书馆看书时，进入了状态，忘记了身边的一切，包括时间。

不知道过了多久，图书馆铃声响了好几遍，管理员催促大家离馆。可是杨振宁专注于研究自己手中的资料，完全没有意识到时间的流逝。就这样，他在图书馆里过了一夜。杨振宁非常珍惜时间，在他的时间表里，没有节假日的安排。

长期的磨炼形成的习惯，使他可以抓紧每一分每一秒来进行思考和演算。

中国古时候就有"头悬梁""锥刺股"的故事，那是古代人激发大脑潜能的办法。

　　现在这个社会很少有人能下如此大的决心来激励自己，但是科学地使用大脑可以使大脑发挥出超常的潜能。

　　要知道，人脑的潜力是无限的，我们一般人只使用了人脑极少的能量，还有极大的一部分有待于我们去开发，去合理地利用。

魔力悄悄话

　　知道你的大脑还有很大的开发天地，你就不会对自己失望，你就还有机会去实现你的梦想，只要你努力，你就会美梦成真。在这个"知识经济"的时代，我们必须加强自己的学习能力，勤于学习，善于学习，并且终身学习，才能在这个社会激烈的竞争中立于不败之地。

选择正确的人生线路

很多人成功地经营了一种事业或做一种工作，但去经营新的行业或做另外一种工作却失败了。这是为什么呢？克里蒙特·斯通认为，这是因为他们通过平常的经验学到技巧，在某一行业中爬升到顶端，但是进入了另一种行业后，他们却不愿意去学习和积累新行业所需要的知识和经验。正是这种原因才导致一个人会在某一项行动中成功，而在另一项行动中却会失败。

理查·皮可林是克里蒙特·斯通的朋友。他是一个了不起的人，是一位品行良好的人。他是人寿保险的法律顾问，事业极为成功，因为他所提出来的建议都是根据自己的问题的答案而来的。他的问题是："什么样的建议对我的顾客最有利？"经过几年之后，他还保留他在公司里面的续约佣金，赚了不少钱。

在皮可林60多岁时，他决定从芝加哥搬到佛罗里达州。那时候饭店生意很好，虽然他不知道怎样经营饭店，但是他也想要经营一家。而他在这方面仅有的经验只是做一名顾客而已。

皮可林先生的兴致很高，开一家不满意，居然同时开了5家。他卖掉了他的续约佣金权，把一切费用都投资在饭店上。然而不出5个月，他的饭店就关门大吉了，他宣布破产。

皮可林是一位有智慧的人，他是人寿保险行业的佼佼者，但这并不代表他同样可以成为酒店行业的佼佼者。因为每一行的方法诀窍是不同的，各行有各行的门道。如果皮可林先生在进军酒店行业时，能够像他在保险行业一样去努力寻找能指引自己成功的方法诀窍，那么他一定不会失败。

很多时候，我们所寻找的方法诀窍是来之不易的。也许我们历尽千辛万苦，极力找寻，却发现成功好像仍然遥遥无期。我们是就此止步，还是用积极的人生观激励自己再度进取？

如果你不相信自己能够做成一件从未有人做过的事，那么你就永远不会成功。不要怀疑你自己的能力，要相信你自己，作你自己的选择。

能够带着你向自己的目标迈进的力量，就蕴藏在你的体内，蕴藏在你的才能、你的胆量、你的坚韧力、你的决心、你的创造精神及你的品性中！

在参加一次全国会议的时候，卡尔·艾乐听说法斯脱·凯勒塞公司的亚利桑那州分公司要出售。"那真是一次机会，"卡尔后来对他的朋友们说，"但是我不知道怎样进行这件事情。所需要的金钱数目也很惊人。不过，'你脊梁骨很硬——你很行'这句话闪进我的脑中。"

他继续说："我很喜欢亚利桑那州。我也懂得这一行，我有一股无法抑制的冲动要去抓住这次机会。我知道我要的是什么，而且我知道我会成功。更重要的是，我很想自己做一些大事。我既然能够帮别人做得那么好，我自己一定能够做得更好。但是我不知究竟该怎样买下这家分公司。其实，我除了没有钱之外，我具有其他一切的条件：知识、方法诀窍、经验、好的名声、了不起的朋友以及在亚利桑那州的业务关系。"

那么卡尔是如何解决钱的问题呢？

"我有一个朋友在芝加哥哈理士信托储蓄银行贷款部工作，"卡尔回答说，"他为我介绍了该部门的负责人。哈理士信托储蓄银行和在凤凰城的河谷国家银行协商，共同提供给我 6 年期的贷款。另外我有 9 位朋友也参加了股份。协议规定我可在 5 年之内任何时间以他们所付出的同样金额买回他们的股份。由于户外运动广告这一行的股份有很多税金和其他的好处，因此，买回这些股份对我和对他们来说都是很有利的。"

卡尔·艾乐的故事告诉我们，要想获得成功，事先不一定要知道前进道路上所遇到问题的答案——如果你的方向选对了的话。因为在行动中，你会遇到许多问题并逐一解决它们，重要的是你要相信自己选择的前进方向是正确的。

一生能够成功的人，永远是那些相信自己选择的人，那些敢于想人所不敢想、为人所不敢为的人，那些不怕孤立的人，那些勇敢而有创造力的人。

如果你想获得成功，你必须找出合适自身的方法诀窍。或者是在不断练习中掌握技巧，或者是在经验中摸索捷径……不管你采用哪种方式，你必须知道引领我们驶向正确航道的方法诀窍是来之不易的，是需要我们不断付出努力才能找到的。

通往罗马的路不止一条，但每一条路的走法都不尽相同，你必须选择正确的路线，这样才能成功地到达人生的幸运终点。

我们的成长离不开我们的思想，所以我们应当有高标准，提高自信心，并且执着地相信必能成功。

哈佛大学的一位教授主持了一个有趣的实验，实验对象是三群学生与三群老鼠。

他对第一群学生说："你们很幸运，你们将和天才小白鼠同在一起。这些小白鼠非常聪明，它们最终会很快到达迷宫的终点，并且吃许多干酪，所以你们要多买一些干酪喂它们。"

他告诉第二群学生说："你们的小白鼠只是普通的小白鼠，不太聪明。它们最后还是会到达迷宫的终点，并且吃一些干酪，但是不要对它们期望太高，它们的能力都很普通。"

他告诉第三群学生说："这些小白鼠是真正的笨蛋。如果它们能找到迷宫的终点，那真是意外。它们的表现或许很差，我想你们甚至不必买干酪，只要在迷宫终点画上干酪就行了。"

在之后的 6 个星期里，学生们都在精心地做实验。"天才小白鼠"就像天才人物那样地行事，它们在短时间内很快就到达了迷宫的终点。"普通小白鼠"也到达了终点，但是在这个过程中并没有写下任何速度记录。至于那些"愚蠢小白鼠"，那更不用说了，只有一只最后找到迷宫的终点，可以说是一个明显的意外。

有趣的事情是，在这三群小白鼠中根本没有所谓的"天才小白鼠"和"愚蠢小白鼠"之分，它们都是同一窝中的普通小白鼠。这些小白鼠的成绩之所以不同，是因为参加实验的学生采取的态度不同而产生的直接结果。

意思就是说，学生们因为听说小白鼠不同而采取了不同的态度，而不同的态度导致不同的结果。

每个人都希望自己能够成功，最实用的成功经验，那就是"坚定不移的信心"。可是真正相信自己的人并不多，结果，真正做到的人也不多。

有时候，你可能会听到这样的话："光是像阿里巴巴那样喊'芝麻，开门'，就想使门真的移开，那是根本不可能的。"说这话的人把"信心"和"想象"画等号。

不错，你无法用"想象"来移动一座山，也无法靠"想象"实现你的目标，但是只要有信心，你就能移动一座山。只要相信你能成功，你就会赢得成功。

大部分的人可能都认为自己不是个成功的人，而且也认为成功对自己来说是遥不可及的。

魔力悄悄话

的确，成功的人并不多，你或许是个不幸的人。但真正的事实却是：任何人都有成功的机会，只是在于你想不想去获得它而已。如果你早已放弃成功的想法，机会自然就弃你而去。如果你想成功的话，首先必须渴望成功，相信自己会成功。

有希望便有目标

1989 年，美国发生了一次 8.2 级的地震，在短短不到 4 分钟的时间里，就有 3 万多人因此丧生！

在混乱之中，有位父亲将他的妻子安全地安置好后，跑到他儿子就读的学校，而让他胆战心惊的是，校园已被夷为平地。

看到这令人伤心的一幕，父亲的眼眶里充满了热泪，面对看起来是如此绝望的瓦砾堆，他想到了曾经对儿子所作的承诺："不论发生什么事，我都会在你身边。"他想，他永远不能忘记自己对儿子的诺言。

于是，他跑到儿子的教室旁，开始在碎石瓦砾中挖掘搜寻儿子的下落。

看到这位正在碎瓦砾中挖掘的父亲，其他极度悲伤的学生家长以为已经有了消息，悲伤地哭泣着："我的儿子呀！""我的女儿呀！"还有些好心的家长试着把这位父亲劝离现场，"一切都太迟了！""无济于事的，回家吧！""算了吧！""面对现实，你无能为力。"大家你一言我一语地劝说着，这位父亲并没有听从他们的劝告，只是向他们哀求道："你们要帮助我吗？"然后继续进行挖掘工作，一瓦一砾地寻找着他的儿子。

很快，消防队队长出现了，他们看着这位可怜的父亲，却无能为力，只好试着把他劝走，安慰道："火灾频发，随时可能发生爆炸，你留在这里太危险了，这边的事我们会处理，你快点回家吧！"而这位父亲却仍然说道："你们要帮助我吗？"

周围的人群谁也劝解不了这位父亲，最后警察赶到了现场，对这位父亲说："你现在肯定既生气又心乱，这样做是不理智的。你要知道，你现在的行为可能危害着别人。回家吧！我们会处理好一切的。"这位父亲依旧回答："你们要帮助我吗？"然而，却没有一个人帮助他。

这位父亲想尽快知道自己的儿子现在是生还是死，他独自一人振作精神，继续搜寻。

时间一分一秒地流逝，挖掘的工作持续了将近 38 个小时。当他推开一块大石头后，听到儿子的声音。父亲尖叫道："阿曼！"这时儿子回应道："爸爸吗？是我。爸爸，我告诉过其他的小朋友，如果你活着，你会来救我的。如果我能获救，他们也就获救了。你答应过我的，不论发生什么事，你都会在我身边，你做到了，爸爸！"

世界潜能大师博恩·崔西说："成功等于目标，其他都是这句话的注解。"拿破仑·希尔说："成功是值得追求的目标。"这些都说明成功的意义在于订立明确的目标。但是需要注意的是，目标不是随心所欲的，要切合自身实际的情况来进行订立。

法国少年皮尔从小就喜欢舞蹈，他的理想是当一名出色的舞蹈演员。可是，因为家境贫寒的原因，连基本生活都难以维持的父母根本拿不出多余的钱来送皮尔上舞蹈学校。皮尔的父母不得不将他送到一家缝纫店当学徒工，希望他能够学一门手艺帮家里减轻点经济负担。

皮尔很讨厌这份工作，繁重的工作所得的报酬还不够他的生活费和学徒费，他觉得自己是在虚度光阴，他为无法实现自己的理想而感到苦恼。他甚至认为，与其这样痛苦地活着，还不如早早结束生命。

皮尔绝望中突然想起了他从小就崇拜的有着"芭蕾音乐之父"美誉的布德里。皮尔觉得只有布德里才能明白他这种为艺术献身的精神。于是他决定给布德里写封信，希望布德里能收下他这个学生。在信的最后，他写道，如果布德里在一个星期内不回他的信，不肯收他这个学生，他就只好为艺术献身，跳河自尽了。

很快，年少轻狂的皮尔便收到了布德里的回信。皮尔以为布德里被他的执着打动，答应收下他这个学生。但布德里并没提收他做学生的事，只是讲了自己的人生经历。布德里告诉皮尔，在他小的时候，很想当一名科学家，可是因为当时家里很穷，父母无法送他上学，他只得跟一个街头艺人过起了卖唱的日子。最后他说，人生在世，现实有现实的空间，梦想并不容易实现，人首先要选择生存。只有好好地活下来，才能让理想之星发光。一个不珍惜自己生命的人，是不配谈艺术的。

布德里的回信让皮尔猛然惊醒。

后来，皮尔努力学习缝纫技术，23 岁那年，在巴黎开始了自己的时装事业。很快，他便建立了自己的公司和服装品牌，也就是现在举世闻名的皮尔·卡丹公司。

尽责——了却君王天下事

　　由于皮尔一心扑在服装设计与经营上，皮尔·卡丹公司得到了迅速的发展，28 岁那年他便拥有了 200 名雇员，他的顾客中很多都是世界名人。如今，皮尔·卡丹品牌不仅包括服装行业，还有服饰、钟表、眼镜、化妆品等等。以他的名字命名的产品遍及全球，皮尔·卡丹本人也成了万众瞩目的亿万富翁。

魔力悄悄话

　　皮尔·卡丹在一次接受记者采访时说，其实他并不具备舞蹈演员的素质，当舞蹈演员只不过是年少轻狂的一个虚幻的梦而已，如果那时他不放弃当舞蹈演员的理想，就不可能有现在的皮尔·卡丹。

用心做好每一件事

海尔公司的总裁张瑞敏曾经说过："把每一件简单的事做好就是不简单，把每一件平凡的事做好就是不平凡。"心态浮躁是人最大的弱点。如果每个人都能够沉下心来踏踏实实、认认真真地把每一件简单的小事都做好，把每一个细节都处理好，那么留在人类历史光荣榜上的，就绝对不止现在我们所知道的这些，人类社会的发展水平也会提高到我们现在无法预测的高度。可惜现实生活中，有很多人不屑于做小事和关注细节，把精力都用在了抱怨人生和等待机遇上，结果一生平庸。

张艺谋导演曾经在影片《英雄》里塑造了一个叫作"无名"的剑客，这个剑客打败了当时天下所有有名的大侠。更让人惊奇的是"无名"的剑法只有一招，所有的剑客都败在这一招之下。这一招并不高明，甚至不是剑法，但却是致人死命的绝招。这个道理就是著名精细管理专家汪中求所说的："简单的招式练到极致，就会变成绝招。"

看上去很简单的一个招式，只要肯用心，肯下功夫，就能够凭借它创造出一个全新的发展平台。"无名"明白这个道理，所以他用了 20 年的时间来练这一招，最后，一个简单的招式变成了威力无比的绝招。

如果你能够倾尽全力地做完一件简单的事，并将它做到最好，那么，这件事就会为你赢得更多更好的机会。

相比于学习先进的管理方法，降低企业的经营成本是管理方法中最简单，也是最基本的方法。如果一个企业把降低经营成本这件简单的事情做到极致，就会为企业继续经营打造坚实稳定的基础。

2005 年世界 500 强榜单揭晓，沃尔玛零售连锁店卫冕成功，连续 4 年蝉联世界第一。沃尔玛的成功凭借的不是新潮的管理理念，也不是大手笔的商业运作，而是从每一个细节处节约成本，在每一个能够产生利润的地方精心营造。

在沃尔玛没有一张纸会被浪费掉，一张被用过的复印纸的背面，常常会被再次使用。打印纸也是一样，除非非常重要的文件，否则一律用纸的背面。员工随身携带的工作笔记本也都是废报告纸裁成的。沃尔玛在中国的内部管理口号之一是实现无纸办公，就是说单凭先进的电脑系统就可以管理整个商店，不需要额外投入任何成本。不仅如此，沃尔玛还注重节省办公空间。在沃尔玛，办公室的面积都十分有限，开会的时候总是站着。他们的工作站，往往是多功能，它是经理和主管处理文件的地方，也是所有人到系统里查看数据、打印的地方，同时也是摆放商品的地方，还是召开部门会议和人力资源进行培训的培训室。

沃尔玛有一套自己的节约人力的方法。沃尔玛从不轻易增加人手，而是对所有员工——包括经理阶层和行政人员，进行诸如收银、理货等培训。当节假日业务繁忙的时候，沃尔玛从总监、部门经理及主管，到办公室秘书都到一线，去做收银员、搬运工、上货员、迎宾员等等。节约人手的同时也是在节约成本，节约的目的就是为顾客节省消费，使消费者可以以更低的价格买到更好的东西，从而增加自己的竞争力。要降低成本，最简单的方法就是从自己身上"揩油"。在中国，沃尔玛的很多店为员工准备了免费的纯净水，但不会准备纸杯。为员工配的电话是投币电话。有专供员工用的洗手间，但不配卷纸和香皂。另外，任何一家中国的沃尔玛店都没有专门的翻译人员。沃尔玛只在建店之前为美国专家配备临时翻译，建成之后就走了，平时都是秘书兼翻译工作。当外籍高层前来视察的时候，往往就由相关部门的中国总监担任翻译，有时甚至是中国区副总裁本人亲自担任翻译。

另一个将节约成本练成绝招的是美国西南航空公司。它被公认为是美国最赚钱的航空公司。它之所以能够取得如此好的成绩，与它长期以来不断寻找可以节省资本的细节，从而建立起与众不同的成本优势是分不开的。

西南航空公司有一句名言，那就是"飞机只有在天上才能赚钱"。为此，它们对飞行的每一个细节都做了专门计算，发现，如果每个航班节省5分钟的地面停留时间，那么每架飞机每天就能增加一个小时的飞行时间。30多年来，西南航空公司使用各种方法减少飞机在地面上停留的时间。西南航空公司的飞机从来不设头等舱和公务舱，也从来不实行"对号入座"。它们把飞机当作公共汽车，鼓励乘客先到先坐，大大缩短了乘客的候机时间。为了节省顾客等候领取托运行李的时间，它们将飞行员都用上了。人们常常可以看到，西南航空公司的飞行员在满头大汗地帮助乘客装卸行李。西南航空公司关注细节，从细节着手降低成本的做法，一度被同行嘲笑为"斤斤计较"，而它现在却成为全球各大公司学习的榜样。

经营企业是这样，每个人的生活也是这样。不怕你做的是简单的小事，怕就怕你连简单的小事也做不好，连小事也做不到位。

魔力悄悄话

花大量的精力去做一件小事情，把它做好做细，做出不平凡的结果，这就是成功。绝大多数的人，在日常的工作和生活中难以有机会做大事，每天所做的都是一些小事、琐事、简单的事，只有把这些小事做好了，才能赢得做大事的机会。

对成功要有强烈的意愿

如果你想走上更高的台阶，就必须要有一个强烈的渴望。

史蒂夫·乔布斯以 1300 美元起家，在不到 5 年的时间里，推出的苹果个人电脑风靡了全球。到 1980 年，年仅 25 岁的他已拥有数亿美元的个人资产，成了有史以来最年轻的亿万富翁。

乔布斯被总统称赞为"美国人心目中的英雄"。有人问他成功的秘诀是什么。他说："我没有什么秘诀，我只是强烈要求自己去做自己想做的事情。"是的，强烈的企图心，坚定的决心，让他成为"美国人心目中的英雄"。

乔布斯 1955 年 2 月 24 日出生于美国旧金山。他小时候淘气、聪明、又好动。1961 年，因工作需要，他们全家搬到地处硅谷的山景镇。从此，乔布斯就生活在这个世界上最新科学技术与最先进管理知识的环境里，在这种环境的熏陶下，他的性格也表现出硅谷人的特点——敢于创新、富于竞争和冒险精神。

有一天，邻居赖瑞带了一只原始的碳制麦克风回家，接上电池，挂上喇叭，就可以发出声音。这可把乔布斯给迷住了，一个劲地向赖瑞问些奇怪的问题。赖瑞烦不胜烦，干脆把麦克风送给他，让他自己去研究。此后，乔布斯每天晚上都泡在家中，一点一滴地搜集有关电子的知识。

赖瑞见这个小家伙聪明好学，就推荐他去参加惠普公司的"发现者俱乐部"。在这里，乔布斯第一次见到了电脑。一见到电脑，乔布新就迷上它。那天晚上，俱乐部展示了一种新式桌上电脑，让大家打着玩。乔布斯一边玩，一边幻想着自己要有这么一台电脑该多好呀！

在一次同学聚会上，乔布斯与比他年长 5 岁的渥兹尼克见面。渥兹尼克是学校电子俱乐部的会长，是个优秀的电子设计师。乔布斯与他一见如故。

乔布斯经渥兹尼克介绍加入了学校电子俱乐部，成了一名"电子迷"。

高二时，他利用课余时间到一家名为哈尔德克的电子商店打工。渥兹尼克工作之余，整天都埋头于设计新型电脑，而乔布斯则更多地在思考如何利用电脑赚钱。他们有一个共同的愿望，就是拥有一台自己的电脑。就是这个强烈的愿望，使他们推出了物美价廉的个人电脑。

这台电脑非常简陋，它只是装在木箱里的一块电路板，但有 8K 储存器，能显示高分辨率图形。虽然简单，却相当具有诱惑力，俱乐部成员纷纷提出要订购这种电脑。

1974 年 4 月 1 日愚人节，乔布斯、渥兹尼克等人签署了一份协议，共同创办一家新的电脑公司。为了纪念乔布斯当年在苹果园打工的历史，公司取名为苹果（Apple），标志是一个被咬了一口的苹果，因为"咬"（Bite）与"字节"（Byte）同音。他们生产的第一款电脑也就命名为"苹果"（Applel）。因为强烈的企图心，从而成就了一位电脑巨子、世界超级富豪。

我们要对成功有强烈的渴望，要有"我一定要成功"的信念，而不是"我想成功"。企图心是一种一定要得到的心态，是一定要的决心。只要我们下定决心，并且为这个决心负责，为这个决心全力以赴，成功离我们就不远了。

梦想和现实之间，总有那么一段距离。如果希望一觉醒来就能梦想成真，这无异于痴人说梦。把梦想变成现实，就要从现在开始确定一个目标，对成功有强烈的渴望，并靠坚定的信念去拼搏，这样才可能成为生活的幸运儿。

你也许不会了解，迈克尔·乔丹拼命不懈的动力来源于何处。那是发生在他念高中一年级时一次在篮球场上的挫败，激起他决心不断地向更高的目标挑战。就在这个目标的推动下，飞人乔丹一步步走向全州、全美国大学，乃至于 NBA 职业篮球，成为历史上最伟大的球员之一，他的事迹改写了许多篮球比赛的纪录。

当你问起 NBA 职业篮球高手"飞人"乔丹，是什么原因造成他不同于其他职业篮球运动员的表现，而能多次赢得个人或球队的胜利，是天分吗？是球技吗？或者是策略？他会告诉你说："NBA 里有不少有天分的球员，我也只能算是其中之一。造成我跟其他球员截然不同的原因是，我只要第一，不要第二。"

不管你以后要做什么样的事，都要努力成为出类拔萃的人。如果一个人对成功有强烈的企图心，想不成功都很难！

20世纪30年代，在英国一个不出名的小镇里，有一个叫玛格丽特的小姑娘，自小就受到严格的家庭教育。父亲经常对她说："孩子，永远都要坐前排。"父亲极力向她灌输这样的观点：无论做什么事情都要力争一流，永远走在别人前头，而不能落于人后。"即使是坐公共汽车，你也要永远坐在前排。"父亲从来不让她说"我不能"或者"太难了"之类的话。

对年幼的孩子来说，他的要求可能显得十分过分，但他的教育在以后的年代里被证明是非常宝贵的。正是因为从小就受到父亲的"残酷"教育，才培养了玛格丽特积极向上的决心和信心。在以后的学习、生活或工作中，她时时牢记父亲的教诲，总是抱着一往无前的精神和必胜的信念，尽自己最大努力克服一切困难，做好每一件事情，事事必争一流，以自己的行动实践着"永远坐在前排"。

玛格丽特的勤恳在学校里是出了名的，是学生中的佼佼者之一。她以优异的成绩顺利地升入当时像她那样出身的学生绝少能进入的文法中学。

在玛格丽特满17岁的时候，她明确了自己的人生追求——从政。然而，那个时候，没有一定的党派背景是无法进入到英国政坛的。她出身保守党派氛围的家庭，但要想从政，还必须要有正式的保守党关系，而当时的牛津大学就是保守党员最大俱乐部的所在地。由于她从小受化学老师的影响很大，同时想到大学学习化学专业的女孩子比其他任何学科都少得多，如果选择其他的某个文科专业，那竞争就会很激烈。

于是，一天，她终于勇敢地走进校长吉利斯小姐的办公室说："校长，我想现在就去考牛津大学的萨默维尔学院。"

女校长难以置信，说："什么？你是不是欠缺考虑？你现在连一节拉丁语课程都没学过，怎么去考牛津？"

"拉丁语我可以自学掌握！"

"你才17岁，而且你还差一年才能毕业，你必须毕业后再考虑这件事。"

"我可以申请跳级！"

"绝对不可能，而且，我也不会同意。"

"你在阻碍我的理想！"玛格丽特头也不回地冲出校长办公室。

回家后她取得了父亲的支持，就开始了艰辛的复习备考工作。这样在她提前几个月得到了高年级学校的合格证书后，就参加了大学考试并如愿以偿地收到了牛津大学萨默维尔学院的入学通知书。玛格丽特就离开家乡到牛津大学去了。

上大学时，学校要求学 5 年的拉丁文课程。她凭着自己顽强的毅力和拼搏精神，将 5 年的课程在一年内全部学完了，并取得了相当优异的考试成绩。其实，玛格丽特不光是在学业上出类拔萃，她在体育、音乐、演讲及其他学校活动方面也都表现得很出色。所以，她的校长这样评价她："她无疑是我们建校以来最优秀的学生之一。她总是雄心万丈，每件事情都做得很出色。"

40 多年以后，这个当年对人生理想孜孜以求的姑娘终于如愿以偿，成为英国乃至整个欧洲政坛上一颗耀跟的明星，她就是连续 4 年当选保守党党魁，并于 1979 年成为英国第一位女首相，雄踞政坛长达 11 年之久，被世界政坛誉为"铁娘子"的玛格丽特·撒切尔夫人。

魔力悄悄话

人生就是一场战斗，想要快速通关就要做到奋力冲在最前线。"永远坐在前排"，不但可以激励我们追求成功的愿望，更重要的是，它还可以培养我们追求成功的信心和勇气。

把工作当成最大的乐趣

　　人生最大的价值，就是对工作有兴趣。爱迪生说："在我的一生中，从未感觉到自己是在工作，一切都是我自己的兴趣……"然而，在生活中，对自己所做的事充满热情的人并不是太多，他们不是把自己能做的事当作乐趣，而是把它当成一种苦差事。早上一醒来，头脑里想的第一件事就是：痛苦的一天又开始了……磨磨蹭蹭地到达公司以后，无精打采地开始一天的工作，好不容易熬到下班，立刻就兴奋起来，和朋友花天酒地之时总不忘诉说自己的工作有多乏味、有多无聊。如此周而复始。

　　如何对待生活能体现出一个人的价值，有些人抱怨自己能做的事本身太枯燥，然而，问题往往不是出在这里，而是出现在我们自己身上。如果你本身不能热情地对待自己所做的事的话，那么即使让你做你喜欢做的事，一个月后你依然会觉得它枯燥乏味。

　　如果你在办公室里能始终以一种精力饱满的精神状态参与到工作中去的话，做事有效率而且有成就，那么你周围的人一定会因此受到感染和鼓舞，工作的热情会像野火般蔓延开来。

　　有一个在麦当劳工作的人，他的工作是烤汉堡。他每天都很快乐地工作，尤其在烤汉堡的时候，他更是专心致志。许多人对他为什么能如此快乐地工作感到不理解，十分好奇，纷纷问他："烤汉堡的工作环境不好，又是件单调乏味的事，为什么你可以如此愉快地工作并充满热情呢？"

　　这个烤汉堡的人说："在我每次烤汉堡时，我就会想到，如果点这汉堡的人可以吃到一个精心制作的汉堡，他就会很高兴。所以我要好好地烤汉堡，使吃汉堡的人能感受到我带给他们的快乐。看到顾客吃了之后十分满足，神情愉悦地离开时，我便感到十分高兴，就好像是完成了一件重大的工作。因此，我把烤好汉堡当作我每天工作的一项使命，尽自己的全力去做好它。"

　　顾客听了他的回答之后，对他能用这样的工作态度来烤汉堡，都非常佩服。他们回去之后，就把这件事情告诉周围的同事、朋友或亲人，一传十、十传百，于是很多人都喜欢来这家麦当劳店吃他烤的汉堡，同时看看"快乐的烤汉堡人"。

顾客把他们看到的这个人的认真、热情的表现，反映给公司。公司主管在收到许多顾客的反映后，也去了解情况。公司觉得他这种热情积极的工作态度非常好，认为他值得奖励和栽培。没几年，他就被提升为分区经理。

这个烤汉堡的人把做每好一个汉堡并让顾客吃得开心，当作自己工作的使命。对他而言，这是一件有十分意义的工作，所以他充满责任感，热情地去做工作。

如果我们也能像他一样，把学习当作自己的使命，尽自己的努力把它做得完美，我们的成就感和信心就会愈来愈强，学习也会愈来愈顺畅。当别人看到我们热情地、全力以赴地学习时，也自然会受到感染就会像我们一样以热情的态度投入到工作中去。

积极的态度会得到积极的结果，这是因为态度有感染力，这种态度就是热情与兴趣。阿尔伯特·巴德曾说："没有一件伟大的事情不是由热情促成的。"这里的热情就来源于对所从事职业的兴趣。好的母亲与伟大的母亲、好的演说家与伟大的演说家、好的推销员与伟大的推销员之间的最大差别，就在于热情与兴趣的态度。

露茜女士在为美国一家电视台主持一个节目的过程中，介绍了 50 种帮助人们体会工作的乐趣、提高工作效率的方法。下面是她最重要的几条原则：

1. 真诚的善意之举

如果你在下班后主动留下来帮助他人完成某项工作，那么即使今后你得罪了他，心存感激的他也不会怨恨你。帮助别人一次，也许你就会得到一个一辈子的朋友。

2. 利用"情感之墙"

一位家庭护士抱怨说她受不了这份工作，想转行。但问题是，在她每周看护的 30 位病人里，其实只有 3 位病人真正给她的工作带来了压力。露茜建议她每次去这 3 位病人的家里之前，都在自己的脑海里为自己竖起一堵"情感之墙"，对自己说："我没必要把太多的感情投入到这个病人身上，因为这对谁都没有帮助，还是保持一段距离吧。"她照着露茜的话去做了，几天后她就告诉露茜她觉得没必要转行了。

3. 激发创意

有一次，一个朋友邀请露茜去她的新家玩，在那里露茜看到一面墙上挂满了她在工作中获得的各种奖励，便随口问："你成功的秘诀是什么？"其实当时露茜并不是真的期待什么答案。没想到她的朋友真的给了一个很好的答案："每次我得到一个新工作时，我都会要求做一个自己感兴趣的项目。我第一次做销售的时候，我问老板我是否能采访一下其他的销售人员，把他们的销售技巧整理成小册子发给大家。结果我的这本小册子使我在老板眼里，不再仅仅是一个普通的销售员。"

4. 学会放弃

在我们日常工作中常常会遇到一些困难。例如当我们最初接到一个项目时，通常只是其中的几个部分比较具有挑战性。当碰到难题时，你应该想尽办法去解决问题。不过，如果经过努力还没有取得任何进展，那么也许再多的努力也毫无用处。在这种时候，你就该寻求他人的帮助，或者寻求绕过这个难题也能完成项目的办法。

魔力悄悄话

我们要学会在学习中发现乐趣，除非你喜欢痛苦的学习。一个聪明的人应当时刻为寻找学习乐趣做好准备，考虑清楚有关自己理想，然后确定自己所追求的学习目标。循序渐进是获得学习乐趣的最好方法。

好习惯改变一生

凡是名人、伟人都有一种良好的习惯——手不释卷。毛泽东的硬板床上有一半的面积都堆积着大量的书本；马克思在大英国家图书馆中默默地思索，地毯上留下"一道沟"；列宁在狱中起草文件，一天连吃6个"墨水瓶"。因为他们都有读书的习惯，有思考的习惯，有记录自己的思想、表达自己思想的习惯，所以才能写出亿万民众想说的话，让半个地球的人改变了生活的命运。这些伟人的另一个可贵之处在于他们懂得"书没有长腿"这句话，所以他们都有把自己的思想付诸实践的习惯。他们时时刻刻想着去让别人懂得自己的思想，并领导民众实现它。纵观这些伟人的一生，他们的成功取决于他们从小就养成了思想和行动的习惯，并在日后的生涯中使这种习惯逐渐成为自己生命中不可缺少的一部分。

习惯是一个人经过长时间做某一件事而形成的一种不自觉的或者自发的行动。每天要洗手、刷牙、洗脸，这些最平常的事到底给了我们什么呢？它给了我们生活中最重要的东西——秩序。有良好习惯的人办事有条不紊，不会手忙脚乱，这实际上就节省了时间。节省了时间也就延长了生命，你就可以利用有限的人生创造无限的价值，做更多的事情，想更多的问题，享受更多的快乐，你就可以开拓一个美丽的新世界。政治家的思考要有秩序，否则国家管理会出现混乱；军事家的指挥要有章法，否则军队就是一盘散沙；教师的思考要有秩序，否则学生便不知所云；律师的思考要有秩序，否则就会弄错案情，不能伸张正义。一个人思维的品质是由良好的学习习惯造就的，一个人的办事条理是由良好的生活习惯造成的，一个人品格的好坏也是由他的认识习惯所决定的。要想拥有美好人生，就要有良好的习惯。

一位多才多艺的大学教授，退休后用自己的小提琴演奏奉献给社会。当人问他为什么能把曲子拉得如此流畅时，他说，我是这样来练习的：每当练习曲目前，必定先了解曲目是由几小节构成的。比如：准备练习30小节，一天练习一小节，一个月就可以练习完毕，不过，我并非从头到尾依次练习，而是从最简单的一小节开始。第二天，再从所剩的 29 节中挑选最简单的练习，而用这种方法练完整首曲子，不但轻松自如，而且还在练完之后找到了各个小节之间的节奏关系，从整体上理解了这首曲子的境界。

从心理学看，他的练习法是相当合理的，因为人有惰性，往往会找借口逃避学习，加之碰上困难的学习，就更不敢面对现实，而这位教授的方法正可满足了人的成就感，克服了惰性，给人增添了信心，每完成一小节，就增一份信心，这可以说是巧妙的解决办法。

"天下大事必成于细，天下难事必成于易。"从最简单的事做起就会给你一种成就感和自信心。同时也会使你学习的热情逐渐高涨，注意力更加集中，能够取得好的成绩。不管是在生活中，还是在学习中，最重要的是一定要有热情，而且要能专心致志。

天才和凡人之间的区别在哪里？天才怀有对未知领域如火一般的热情和对自己从事的研究全身心的投入。从最简单的做起就是培养天才最有效的途径。你想成为天才吗？从最简单的做起，养成良好的习惯，它会成为你力量的源泉。你也会成为一个天才。

在急剧变化的现代生活中，明天的世界和今天不一样。面对生活给予我们的挑战，我们要用良好的习惯来迎接生活给我们的压力和变化，在现代生活的大潮中稳稳地驾起生活的方舟。

习惯是生活中相对稳定的部分，每天我们要读书、要跑步、要听音乐、要打球，这些都会是在某个相对固定的时间来做的。其他的时间所做的事可能每天都有不同。当你忙碌了一天后，想起自己的书本和球拍，心中犹如点燃了一盏明灯，尽管很累，但它们能让你摆脱日常生活的喧嚣，寻找到片刻宁静，犹如一艘远航的船可以停泊靠岸，过一种别有情调的生活。

习惯是从环境中成长出来的，以相同的方式，一而再、再而三地从事相同的事情，不断重复，不断思想同样的事情。而且，当习惯一旦养成之后，它就像在模具中硬化了的水泥块一样很难打破了。

每个人都有自己不同的习惯。习惯是一条电缆，我们每天在它外表编织一条铁线，到后来它变得十分坚固，使得我们再也无法把它拉断。习惯也是一位残酷的暴君，统治及强迫人们遵从他的意愿、欲望、爱好，抵制新的思想和事物。人类的历史就是在同习惯和偏见的斗争中展开的。

习惯是一条"心灵路径"。我们已经在这条路上行走多时，每经过它一次，这条路径就会更深一点，如果你曾经走过一处田野或经过一处森林，你一定会很自然地选择一条最干净的小径，而不会去走一条荒芜小径，更不会横越田野，或者从林中直接穿过，自己走出一条新路来。心灵行动的路线则是完全不同的，它会选择最轻松和没有阻碍的路线来行进，走上很多人走过的道路。

要开辟新的心灵道路，并在上面走动以及旅行，这样，旧的道路很快就会被遗忘，而且，时间一久，将因长期未使用而被荒草淹没。每一次你走出良好心理习惯的道路，都会使这条道路变得更深更宽，也会使它在以后更容易走。这种心灵的筑路工作，是十分重要的。希望你能开始修建理想的心灵道路，在上面旅行，通往美丽的新世界。

成功学大师拿破仑·希尔的一位朋友患了健忘症。当拿破仑·希尔的这位朋友知道自己患了健忘症之后，心烦气躁，心不在焉，不能专心地工作。后来，通过努力，拿破仑·希尔的朋友克服了这些心理障碍："我已经50岁了。10年来，我一直在一家大工厂工作，担任某个部门的经理。起初我的职务很轻松，接着，公司迅速扩大业务，我的工作量增加了，身上背负的责任也大了。我的部门有几位年轻人，精力旺盛，才华出众，他们在暗地里竞争我的职位。

"像我这种年龄的人大都希望过舒适的生活，而且，我在公司已服务过很长的一段时间，因此，我觉得我不必紧张，应该轻轻松松地工作，安心地在公司待下去。但是，就是这样的心理差点让我失去了工作职位。大约两年前，我开始注意到，我'专心'工作的能力已经逐渐衰退了，工作令我心烦。我忘记处理信件，桌上的信件堆积如山，这让我大吃一惊。各种报告也被我积压下来，我的部属感到工作十分不方便。我人在办公室，思想却在别处。

"其他的情况也都显示出，我的心思并没有放在工作上。我忘了参加公司一个重要的主管会议。我因为健忘犯了不少错误，这些，我手下的职员没有告知总经理。

"这种情形让我十分惊讶。于是，我请了一个星期的假，希望调整一下自己的心态，单独好好想一想。我去了一个偏远的山区度假，严肃地反省自己，我担心自己患了健忘症，否则，我怎会缺乏'专心'工作的力量呢？经过反省，我觉得以前那段时间里，我做事漫不经心，懒懒散散，粗心大意，这完全是因为我的思想没有放在工作上的原因。我寻找出我的毛病之后，就开始想办法补救。我需要培养出一套全新的工作习惯，我决心克服这些毛病。

"我拿出纸笔，写下我一天的工作计划。在计划里，我这样写道：早上处理信件，然后，填写表格，口授信件，召集部属开会，处理各项工作。每天下班之前，先把办公桌收拾干净，才可以离开办公室。

"我在心里问自己：'如何培养这些习惯呢？'我获得的答案是：'重复这些工作。'在我内心深处有一个声音提出抗议说：'但是，这些事情我已经一而再、再而三地做过几千次了。'我心中的另一个声音回答说：'不错，但是，你并没有专心从事这些工作。'

"于是，我回去上班，立即实施我的工作计划。我每天以同样的兴趣从事相同的工作，每天尽可能在同一时间进行相同的工作内容。当我发现自己的思想走神时，我立刻把它拉回来。

"我以自己的意志力克服这些困难，刺激自己，让自己努力工作，全神贯注地思考和工作，不让思想走神，我做到了，工作效果很让我满意。过了一段时间之后，我又回到了从前，感受到工作的愉快。我知道，我成功了！"

这位先生通过自己的努力，克服了自己的健忘症，恢复了专心工作的良好习惯，其经验是值得我们学习的。其实"专心"本身并没有什么神奇，只要控制自己的注意力就行了。

杰克·韦尔奇常说："一个人只要集中注意力，就能调整自己的思想，使他能接受空间的所有思想波。这样，整个世界都将成为一本公开的书，供他随意阅读。"

很多人在做一件事的时候，脑子里想的却是另外一些事情，而不会完全地集中于自己手中正在进行的事情上。我们的头脑每时每刻都在思考，一些东西像流水一样从我们的大脑流进又流出，影响我们集中精力做某事。

如果你的思维不能控制这些意识流，便很难集中精神做事，就会转移或分散你的注意力，你的大脑同时也在想一些其他的事。

分散或者转移你的注意力的东西有很多，害怕、担心、消极的想法都会影响你的注意力，会使你难以集中注意力，从而产生错位的观念，做出错误的决定，没办法做好自己的工作。

　　拿破仑·希尔的那一位朋友介绍的集中精力的方法很值得你借鉴，它不但可以帮助你清除大脑中产生压力的想法，并且还能让你控制大脑的各种意念，专心致志地工作。无论何时，你只要把注意力集中于手头上的事，你的思维就会逐渐清晰起来。

　　只要你集中精力做事，就会感觉到自己身上有用不完的劲，就会很开心，对所有的事感觉舒服，在处理事情时会有更好的效果。

　　一旦你感到无法集中精力，不能清晰地思考时；或是困扰不安时；或是无法排除头脑中的忧虑或担心时；或是当你想从一项任务中得到解脱而进入另一项任务时；或因专注一件小事，并事前为这件小事做了大量无用功时……你不要灰心丧气，要冷静，以平静的心态查找原因。

魔力悄悄话

　　只有专注，你才能开心，拥有清晰的思维，以轻松的心情找到问题的答案。这样你就能集中注意力，清晰地、富有创造力地思考问题，从而使工作更有效率，取得更好的成果。

善于把握今天

自强不息，努力向上，意思就是叫你不断进取。

卡尔·马克思说："在科学的道路上没有平坦的大道，只有在崎岖的小路上不畏艰辛、勇于攀登的人，才能到达光辉的顶点。"其中"在崎岖的小路上不畏艰辛、勇于攀登"说的就是自强不息，努力向上的进取精神。

三国时期有这么一对父子，父亲叫刘备，儿子叫刘禅。读过三国的人都不会忘记这两个人物。刘备和刘禅的故事给我们的启示是：只有自强不息，才能取得成功。

当脱去刘备身上那些华丽的外衣，他也只不过是一个"织席贩履"的小手工业者兼个体工商户，没有后台，没有关系，没有钱财，没有实力。那么是什么让刘备最后夺取江山的？当然是他那"光复汉室"的责任感和愈挫愈勇的自强不息的精神。

于是，他从寄人篱下发展到建立蜀汉帝国，与比自己强大得多的孙吴、曹魏形成"三足鼎立"之势。

更难得的是，面对失败，他不沮丧，不气馁；当他拥有了金钱、美女、权力时，他并没有自鸣得意，依旧执着，不忘自己的责任，发愤图强，自强不息。

在刘备的有生之年，发起了一次又一次的"伐魏"战争，使得比他强大得多的曹魏疲于防守，不敢对他发起主动的战争。

而他的宝贝儿子刘禅，小名阿斗，他拥有父亲创业时优越无数倍的条件，然而，他安于现状，不思进取，而且经常听信谗言，弄得忠心耿耿的诸葛亮一次又一次放弃战机，弄得文武双全的姜维"独木难支"。短短几年时间，刘禅便把父辈几十年来在血雨腥风中拼杀得来的成果拱手送给了他人。

我们再来看另一个故事：

俄亥俄州报纸专栏作家露丝·马肯尼和她的妹妹一同到曼哈顿打天下。她写了一系列关于她们打工历程上遭遇到的坎坷的短篇文章，刊登在《纽约客》杂志上。后来，这些故事被改编成百老汇的歌舞剧，剧名叫做《奇妙的城镇》。

这个喜剧感动了一个叫莫瑞儿·西伯特的成功人士。她看这个喜剧的时候联想起自己的创业历程。她说："我 20 多岁离开了俄亥俄，除了一辆破烂的老爷车外，我牛仔裤里仅仅只有 500 美元了。"

莫瑞儿·西伯特从牛仔裤里的 500 美元开始，走过了一段人生的漫长而且困难重重的道路。

莫瑞儿·西伯特从俄亥俄来到了纽约。她首先在一家经纪公司做一名实习研究员，周薪只有 65 美元，那时，她还没有登记为经纪人从事股票买卖。

后来她跳槽到另一家经纪公司。有一天，她接到一家公司的来电，告诉她，由于她所写的报告，让他们公司赚了一笔钱，所以他们欠她一个订单。就这样，她得到了她人生中的第一个订单。这时她赶紧去办理登记，从此她离开了研究部门，转入为客户买卖股票的经纪部门，最终与许多小型经纪商合伙经营。

但莫瑞儿·西伯特并不满足于此。有一次她努力想获取一家大型经纪公司的合伙资格，却遭到对方的严词拒绝，而原因只是因为她是个女人。于是"为老板工作"和"与别人合伙"的日子就成了她人生中的一段历史，她要创立自己的事业。她当时这样勉励自己："放手去做吧！"

没有足够的资金租豪华的办公室，莫瑞儿只能待在一家公司交易所的一角。在那个角落里，她发觉自己真是孤单无助，无论她面向何方，都只看到她自己。那滋味的确令人心寒。但她知道，想要站稳脚跟就必须坚强。同时她还认定，自己一定会找到客户的。

她鼓励自己必须坚强起来。她想起了做牙医的父亲，她知道父亲一定会说："莫瑞儿，坚强起来，打倒它们！"

于是，坚强勇敢的莫瑞儿·西伯特就在这个临时办公室里，与恶劣的环境作斗争。

努力了 6 个月之后，她搬出了那个临时办公室，拥有了自己喜欢的办公室。就这样，经过不懈的努力，莫瑞儿·西伯特公司已是一家价值数百万美元的公司了。

莫瑞儿·西伯特，在纽约证券交易所拥有自己的一片天空。事实上，她是这个交易所里第一个拥有席位的女人。

后来，莫瑞儿·西伯特顺势而起，她曾担任纽约州第一位女性银行监督人。她获得了美国八所大学颁赠的荣誉博士学位。她一路走来，可真是披荆斩棘，克服重重困难，才获取今天的成就的。

如果你问莫瑞儿·西伯特是如何成功的，她会这样回答你："不要害怕冒险，不要在困难面前退缩，不要被困难击倒，面对困难你要顽强撑住！"

所以说，自强不息是创业成功的首选的法门；没有自强不息，一定不能取得成功！

只有明白了这些道理，我们才会更加珍惜时间，不会让每一个今天白白流过，当然也就不会给自己留下什么遗憾了。

把握住今天，既要解决自己的思想态度问题，又要有合适的安排。把握住今天，不论一个人年龄大小、从事工作的繁简，也不论是在顺境还是在逆境中，都要把它作为一个重要的原则来坚持，偷懒和懈怠都是不可取的。

有人说"我明年要赚得更多"，有人说"我以后要换更大的房子"，有人说"我打算找更好的工作"。后来，钱真的赚得更多，房子也换得更大，职位也连升好几级，可是，他们并没有变得更快乐，而且还是觉得不满足："唉，我应该再多赚一点，职位更高一点，想办法让生活过得更舒适！"

把握今天、节约时间，就等于延长了自己的生命；把握今天、节约时间，就等于提高生活质量；把握今天、节约时间，就能更多地成就事业。

魔力悄悄话

许多人常常站在今天去怀念昨天和想象明天，而昨天越来越多，明天却越来越少，实际上，我们能把握住的只有今天。所以，只有认真地活在今天，把握好现在，让每一个今天过得有意义，我们才会拥有美好的明天，我们才不会在生命中留下遗憾。

不要成为别人的复制品

每一个成功人士的身上都有自信的潜质。如果总感觉自己比不上别人，虽然你实际上可能是有能力的，但你的表现确实不如别人，因为思想主宰行动。你心里是怎么想的，你的行为就会反映出来，没有任何伪装能够把这种感觉长期遮掩起来。也就是说，你如果觉得自己没有独立创新的能力，不可能超越其他的人，那么你就真的只能跟在别人的身后，而不能做你想做的事情，这样你永远也不会获得成功。

一位青年企业家在分享成功的秘诀时说："如果做事怕别人提出反对意见，就放弃了自己的想法，那你就失去了自我。做人做事，要有明确的立场、要独立。每个人的想法都不相同，因此我们做人做事要看我们自己想要达到的目标效果，而不要过于顾虑一些人的议论。时间可以证明一切，当你成功了，那些议论自然也消失了。只要是正确的，就是我应当做的，不论得失成败，只要你认真去做。"

天下事只怕你不认真，拿不定主意，没有自己的思想，看别人的言行而做。如果你认真起来，不怕别人的非议，按照自己的思想去做，事情成功之后，别人的议论自然会平息。

爱因斯坦还是一个学生的时候，有一次，他在学校实验室低头做实验，看到玻璃管里闪动的火花，头脑却进入了美好的物理世界，突然，"轰"的一声，爱因斯坦觉得右手一阵酸痛，手上沾满了鲜血。师生们听到响动都围了过来。教授了解到是因为爱因斯坦不按照他说的步骤来做实验，才导致爆炸的，非常生气。他赶忙向系办公室走去，向系领导汇报爱因斯坦的情况，坚决要求处分这个我行我素的学生。

两星期后的一天，爱因斯坦在校园里和教授碰面了。教授来到爱因斯坦面前，看了他一眼，然后叹了口气。教授认为，像爱因斯坦这样一个不听话的学生是不可能进入物理学殿堂的，于是十分遗憾地对他说："可惜啊，你为什么不去学医学、法律或化学，而非要学物理呢？"

"我非常喜欢物理，我也认为自己具备研究物理学的才能。"爱因斯坦老老实实地答道。

教授感到很吃惊，他认为爱因斯坦是个固执的学生，于是他摇摇头，说道："我是为你好，听不听由你！"

尽管教授认为爱因斯坦不适合做物理学研究，但爱因斯坦并没有受此影响，仍然坚持着自己的理想，孜孜不倦地做着物理实验。终于。他用行动证明了自己的能力，他获得了成功，成为一个令世人仰慕的科学家。

爱因斯坦从一个普通的学生到成功的科学家，这虽然与他的个人努力奋斗分不开，但更重要的是他一直有着自己独立的思想，试想一下，如果当初他真听了这位教授先生的"忠告"，那么，他就不会在物理学界取得成功，物理学界就会损失一位巨星。

因此，从爱因斯坦的故事中可以看出，一个人获得成功的关键是要有自己独立的思想，不做他人的复制品，因为你的思维决定你如何行动，而你如何行动将决定你取得什么样的成就。

这个逻辑正是我们不厌其烦地强调思考与勇气的重要性的原因。"没有做不到的，只有想不到的"，敢想、敢做，你才有可能成功。

如果在此之前你对超越他人有一种胆怯的心理，那么现在只需改变一下自身的思考方法，大胆放飞自己的思想，做你想做的事。

我们每个人都有愿望，我们都想有朝一日成为什么样的人物，但事实上，大多数人都因为没有勇气去付诸实践而放弃了自己的愿望，他们常用下面的理由扼杀自己的愿望：

——"我做不到""我缺乏头脑""我肯定会失败"。这种消极的自我降低是导致他们永远站在别人身后的罪魁祸首。

——"我现在的状况很有保障"。这种安于现状的想法扼杀了奋斗的愿望。

——"能干的人太多，根本不会有我的份"。害怕竞争令他们不敢多想。

有太多的理由让很多人只是仅仅跟在别人的身后，但是如果没有敢于创造的勇气，不做自己想做的事，只会慢慢沦落为平庸者。

你认为你行，你就行！相信自己的人，他的潜意识会把成功的信念变成成功的行动；不相信自己的人，他的潜意识就会把他自卑的念头变成失败的行动。说自己行的人，相信自己，充满信心；说自己不行的人，不相信自己，就失去了信心。而相信自己的人，他就一定会为成功全力以赴，那样，他就会感觉到，成功其实并不困难。

相信自己的人，在有着积极的心态下，不论遇上什么困难和挫折，都能坚持到底，永不放弃。因为在他的心中一直有一种信念支撑着他，别人行我也行，别人不行我也能行。这种信念促使他一步步地前进，从而达到成功的彼岸。

"我能行"！这是人走向成功意识和自信心的标志。勇敢的人常说："我能行!"懦弱的人总说："我不行!""我能行"与"我不行"，虽然一字之差，却有着本质不同。"我能行"是成功者必备的心理素质。而"我不行"正是失败者失败的主要原因，因为他们失去了自信，而自信却是走向成功的重要支柱。心理学研究表明，绝大多数人都能行。人们的智力相差是不大的。据心理学家测试，约占95%的人是中等智力。所以，大多数人都没有任何理由说"我不行"。

人的生命是有限的，在人的一生中，最难的事情莫过于让他们相信自己的伟大，相信自己有理由追求更崇高的事物。这种强大的自信和对美好事物的追求是实力的标志，是内心爆发力的源泉，是走向更高、更强的呼唤，正是它们让我们的理想更易于实现。

你的一生能够获得什么样的成就，完全取决于你自己。你得到了你梦寐以求的东西，正是因为你的思想创造了它，你内心的某样东西吸引了它，你的心灵因为它而充满激情。

实现理想的过程是寻找自我、走向自我的过程。当你看到一个人在某个领域做出了令人瞩目的成就，一定要记住他在成功之前就已经把自己放在了成功的位置上，正是他的积极的心态和工作干劲创造了现在的成就，正是他对人生、对同事、对职业以及对自我的态度使他走向了辉煌。

所有获得伟大成就的人都有一个共同点，那就是他们对自我都有着深刻的认识。他们相信命运掌握在自己的手中，相信在自己身体里有一股力量。这股力量一旦被释放出来，加上忘我的拼搏，不仅能使你成功，而且还能使你变得快乐。

做命运之舟的舵手。

心理学家曾经做过这样一项实验：组织三组人，让他们分别向着10公里以外不同方向的三个村子进发。

第一组的人既不知道村庄的名字，也不知道路程有多远，心理学家只告诉他们跟着向导走就行了。刚走出两三公里，就开始有人叫苦。走到一半的时候，有人忍不住开始愤怒了，他们抱怨为什么要走这么远，何时才能走到头，有人甚至坐在路边不愿走了。越往后走，他们的情绪也越低落。

第二组的人知道村庄的名字和路程有多远，但路边没有里程碑，只能凭经验来估计行程的时间和距离。走到一半的时候，大多数人想知道已经走了多远，比较有经验的人说："大概走了一半的路程。"于是，大家又簇拥着继续向前走。当走到全程的 3/4 的时候大家情绪开始低落，觉得疲惫不堪，而前方的路还似乎很远。当有人说"快到了"时，大家又精神起来，加快了行进的步伐。

第三组的人不仅知道村子的名字、路程，而且公路旁每一公里就有一块里程碑。人们边走边看里程碑，每缩短一公里大家便有一小阵的快乐。行进途中他们用歌声和笑声来消除疲劳，情绪一直很高涨，所以很快就到达了目的地。

心理学家得出了这样的结论：当人们的行动有了明确目标的时候，就能把自己的行动与目标之间的距离不断地加以对照，进而清楚地知道自己的行进速度与目标之间的距离，人们行动的动机就会得到维持和加强，从而自觉地克服一切困难，努力达到目标。

如果人生没有目标，就好比在黑暗中远征。拟订一个密周的人生计划，对成功而言是相当重要的，你会坚持不懈地去完成它，而不会因为在过程中忽然出现的误解与嫉妒、自己所遭遇到的挫折与失败所拦阻。事实上所有追求成功的人，都不是一帆风顺的。当他们遇到困难的时候，也会想到过放弃，所以他们在自己的事业刚刚起步时，就为自己做了一个周详的计划；他们会从一些细小步骤的完成中获得成就感，知道自己一直在朝着自己确定的目标前进。这是推动一个人事业进步的动力。所以只要有了恒久不变的目标、积极的心态、必胜的意志力与严格的锻炼、周密的计划，那么，就没有克服不了的阻碍！

但是，遗憾得很，一般很少有人能为自己制订清楚的计划，大约100人之中只有两个人可以做到这一点，这些人最后通常都成了成就巨大的人，他们在人生中获得了成功和财富。

其实，这些人所面对的机会，并不比那些庸庸碌碌的人多。

如果你确切地知道自己要什么，对自己的能力有绝对的信心，你就会成功。如果你还不知道自己的一生想要追求什么，现在就开始，利用以下4个步骤，理清你的目标。

首先，用一句话把你最想要的东西清楚地写下来。当你得到或完成你想要的事物时，你就成功了。

其次，写出明确的计划，如何达到这个目标。清楚地写出你要怎么做。

再次，定出完成既定目标明确的时间表。

最后，牢记你所写的东西，每天在脑海中重复地念上几遍。

如果你严格按照这几项步骤做了，你就会渐渐地发现，你的人生已经出现了一缕新的阳光，而且这缕阳光会变得越来越强烈，让你的人生明亮灿烂。这套模式还会为你带来一位无形的合作伙伴，它会在你软弱的时候鼓励你，在你前进的时候帮助你扫除前行中的障碍，它会带给你机会，并且使你具有一双慧眼，在机会出现时牢牢地抓住它们。持续进行这些步骤，你就不会因为别人的怀疑而动摇。

你要在自己的思想中牢记，任何事情都必然会有它促成的原因，而不会偶然发生的，包括个人的财富。累积财富者都是下定决心，相信自己会做到的人。成功是明确的目标、谨慎的规划、切实的行动及努力不懈的结果。

人生要有目标。一个人追求的目标越崇高越直接，他进步得就越快，对社会也就越有益。有了崇高的目标，只要坚定不移地努力就会成为你人生中的一大壮举。

你为自己所设定的目标就好像船只的舵会引领你驶向终点一样。如果没有了人生的目标，就好比船只没有舵，你就不可能掌握正确的航向。如果将心理学家的结论用哲人的语言来表达，那就是："伟大的目标构筑伟大的心灵，伟大的目标产生伟大的动力，伟大的目标造就伟大的人物。"

每个人都希望自己能在事业上取得成功，干出一番"惊天动地"的大事。愿望总是美好的，但真正做起来就需要付出相当艰苦的努力，才能一步一步地实现目标。

饭要一口一口地吃，路要一步一步地走，任何人都不能一口吃成个胖子。所以不论做什么事情，都不要眼高手低，从小事做起才是硬道理。

弗洛姆在《逃避自由》一书中阐述道，作为社会中的个体，人总是需要在完成一些目标之后不断确立新的信仰和目标，在某种意义和程度上鞭策自己，这样就不会有积极性的丧失和空虚无聊了。人的一生既是短暂的又是漫长的，总目标的实现对于人生来说是比较遥远的事情，任何成功都绝不可能一蹴而就，再伟大的成就也是由一个个小目标的实现累积而成的，纵观每一个成功者的奋斗史，都是在达成无数个小目标之后，才最终成就伟大的事业。所以，要把人生总目标分解成长短不同的阶段性目标，各个击破，逐步接近总目标。而实现一个个阶段性目标带来的成就感和自信心，也会让你对自己的人生总目标更有信心和把握。看似遥不可及的宏伟目标，只要方向是正确的，是适合自己的，是在自己的能力"范围"之内，那么，只要遵循化整为零、循序渐进的成功规律，一步一步脚踏实地，稳扎稳打，最终的成功就会是水到渠成的事情。数学家华罗庚曾说："要循序渐进。我走过的道路，就是一条循序渐进的道路。"捷克教育家夸美纽斯说："所有的学习都应该循序渐进，在一段时间内，只应当把注意力集中在一件事情上。"

在世界马拉松史上，曾有一位名不见经传的日本选手赢得了人们的瞩目，作为一名长跑选手，他的个人条件并不出色，但是他却获得了该年度的马拉松冠军。记者采访他成功的原因，他说："因为我把比赛全程分解成了一个个具体的目标。我在每一次比赛之前都会做精心准备，我会乘车把比赛要走的线路观察一遍，记下沿途中比较醒目的标志性建筑物。然后，在漫长的赛程中，我就把全程用各个目标分成一段一段的短程，我会劲头十足地冲向第一个目标，然后调整心态，继续以不变的速度冲向第二个目标。其他选手的目标是最后的终点，所以他们往往跑不到十几公里就已经疲惫不堪了，而我的目标则是下一个小目标，相比于其他选手而言，我的目标是容易接近的，所以，在整个赛程中我一直充满着自信，这信心得益于一个个看得见的分目标。"

俄罗斯撑竿跳高名将谢尔盖·布勃卡就是分解目标、缩小目标的最佳实践者。这位"撑竿跳高沙皇"从 20 世纪 80 年代初开始就独步天下，称霸世界撑竿跳领域长达 20 年之久。他是田径史上唯一一个赢得 6 次世界冠军的超级巨星，留下了 35 次打破世界纪录的辉煌瞬间。

你可能会惊讶地问：这么多次破纪录，他每一次能提高多少啊？答案是：每一次提高一厘米。他就是用这种规则允许的最小度量，在 17 年内把室外撑竿跳世界纪录提升到 6.14 米（室内 6.15 米）。所以有人称他为"一厘米王"。但是，有些人在佩服他的同时可能会有一种不屑的想法，觉得他是为了多拿奖金才有意这样做的。其实，布勃卡真正的目的就是为了让自己的目标更小一些，离自己更近一些，这会增加他的信心和力量。他说："如果说当初就把训练目标定为 6.14 米，说不定自己早就被这个目标吓倒了。"布勃卡此举非常明智。他将远大的目标缩小为每次一厘米，这样他每破一次纪录，就能获得一次征服的快感和享受，就证明一次自己的实力，就向自己心中更高的目标跨进了一步。

根据心理学的实验结果来看，不容易激发起人的兴趣和热情的事，要么是太难，要么是太容易。目标过低，如果低于自己的水平，不能完全发挥自己的能力，就不具有激励价值；目标过高，如果过高地超出了自己的能力范围，就算费尽力气，在较长时期内也不会有明显的起效，就会挫伤自己对目标的信心，反而起了消极的作用。

魔力悄悄话

为了顺利实现心中的大目标，最好的方法就是在大目标下分出层次，设定每个阶段的小目标，步步为营，分步逐渐实现大目标。

第二章 对你的每一天负责

在成功学中,热忱几乎成了必提的一个词。成功学专家认为,一个人成功的因素很多,而居于这些因素之首的就是热忱。如果没有热忱,不论有什么能力,都发挥不出来。

一个人对于生活没有热忱,没有激情,他的生活就是枯燥无趣的。一个人对于工作没有热忱,没有激情,他的工作就是没有效率的。热忱是成功的源泉。你追求成功的热忱愈强,成功的几率就愈大。热忱是一种积极状态,也是对自己人生负责任的态度,让你迈向成功。

人生需要热忱

如果说信念是人生的动力，那么热忱就是人生的催化剂。热忱能够调动潜藏在你身上的所有能量，让它们全部都爆发出来。有人说，热忱是人生最强劲的兴奋剂，而且热忱的兴奋剂不是暂时性的，而是永久性的。只要你始终都保持一颗积极向上的心，坚持自己的信念，热忱的兴奋剂就永远不会失去效果，而且它能在你的奋斗过程中变得越来越强效。

钢铁大王卡内基十分注重热忱的重要性，他说："热忱，是指一种热情的精神特质，是深入人的内心里……我喜欢称之为'抑制的兴奋'。如果你内心里充满着要帮助别人的热望，你就会兴奋。你的兴奋从你的眼睛、你的面孔、你的灵魂以及你整个为人方面辐射出来。你的精神振奋，而你的振奋也会鼓舞别人。"因此，他在自己的办公桌上摆了一块牌子，他家的镜子上也吊了同样一块牌子，上面写着："你有信仰就年轻，疑惑就年老；有自信就年轻，畏惧就年老；有希望就年轻，绝望就年老；岁月使你皮肤起皱，但是失去了热忱，就损伤了灵魂。"

具有无限力量的人往往对自己的工作十分热扰。爱默生说过："有史以来，没有任何一件伟大的事业不是因为热忱而成功的。"

耶鲁大学最著名而且最受欢迎的教授之一的威廉·费尔波在他那本富有启示性的《工作的兴奋》一书中，如此写道："对我来说，教书凌驾于一切技术或职业之上。如果有热忱这回事，这就是热忱了。我爱好教书，就好像画家爱好绘画，歌手爱好歌唱，诗人爱好写诗一样。每天起床之前，我就兴奋地想着有关学生的一切……人的一生之所以能够成功，最重要的因素是对自己每天的工作抱着热忱的态度。"

并不是每一个热忱的人都能取得成功的，但是每一个成功的人都必然是对自己的生活和事业充满热忱的人。

拿破仑·希尔曾经讲过这样一个发人深省的故事：赛尔玛陪丈夫驻扎在一个沙漠中的陆军基地里，丈夫经常外出演习，她一个人留在陆军的小铁皮房子里。铁皮房子里温度热得令人难以忍受，周围又都是不懂英语的墨西哥人和印第安人，所以也没有人和她聊天。她很难过地写信对父母说："一心想回家去……"她的父亲给她回了一封信，信中只有两行字，但这两行字却永远留在她的心中，并改变了她对生活的态度，这两行字是什么呢？"两个人，从牢中的铁窗望去，一个只看到了泥土，一个却看到了星星。"

从此，赛尔玛决定在沙漠中找到自己的星星。她观看沙漠的日落，找到了几万年前的海螺壳。她和当地人交朋友，互送礼物，她研究沙漠中的植物、动物，又学习有关土拨鼠的知识，她把原来认为最恶劣的环境，变成了一生中最有意义的冒险，并出版了一本书《快乐的城堡》。她从自己的铁皮房中望去，终于望到了自己的星星。

其实热忱就是一种对生活和事业的态度，以一种悲观的心态来看，便会失去生活和奋斗的热忱和动力；而以一种积极的心态来看，便会看到逆境之中其实存在着美好的另一面，从而重新树立起信心和奋斗的热忱，找到新的方向和目标。或许人生就如同故事中的牢房，当你从一面看到的是沙漠的时候，不妨换一个方向再去看，也许你就能看到星星。

美国著名的成功学者卡耐基曾在全球开创了各种各样的卡耐基课程，他曾一再强调热忱的重要性。南非卡耐基课程的一位学员阿尔夫·麦克衣凡就曾成功地运用了卡耐基的热忱原则，和一个脾气十分暴躁的顾客建立了生意往来的关系。一次，他代表一家出租起重机给承包商的公司，跟那位他称之为"史密士先生"的人谈判。"史密士"总是非常粗鲁无礼，经常大发脾气，见了两次面，都拒绝听他的解说。但是麦克衣凡却决定还要再见"史密士"一次。

这次"史密士"又在发脾气，他站在桌子前面向另一个推销员大声吼叫。"史密士先生"脸红得像番茄一样，而那个可怜的推销员正浑身抖个不停。麦克衣凡决定用自己的热忱来缓和"史密士"的怒火。他走进办公室，"史密士"粗声粗气地说："怎么又是你，你要什么？"在他继续说下去之前，麦克衣凡先展开微笑，以平静的声音和最热忱的态度对他说："我要将所有你要的起重机租给你。""史密士"站在办公桌后面15秒钟没有说话，他以一种疑惑的眼光看着麦克衣凡，然后说："你坐在这里等我。"

他在一个半小时以后回来，招呼麦克衣凡说："你还在这里！"麦克衣凡告诉他自己有非常好的计划提供给他，因此必须在向他介绍了这个计划之后才会离开。这个脾气暴躁的"史密士"先生就这样被麦克衣凡的热忱所打动，最后两人签订了合同，而且保持了长久的生意往来。

这便是热忱的力量。热忱有时候是一种积极的生活态度和心境。当你生活遭遇不顺的时候，当你心灵陷入忧郁的时候，如果你能重新找到对生活的热忱，便能让你像第一个故事中的主人公一样重新找到生活的方向，恢复对生活的激情和动力。让你在丧失斗志的时候重新振作起来，爆发出前所未有的力量，让你在人生的道路上加速前进。

时刻让自己充满热忱，世界会变得更加美好；时刻让自己充满热忱，奋斗也会更加有动力。

在一次记者会上，记者向新加坡的首富郭令明提到了一个问题："您认为一个商人能走向成功的最重要的特性是什么？"郭令明回答说："这个人必须对他想做的事情有热情，没有热情就不会去长期的投入，也就没有创造性。一旦有了热情，他就会超越自己的能力"。郭令明的回答告诉我们一个道理，热情是成就事业的灵魂。黑格尔说过："没有热情，世界上没有一件伟大的事能完成。"

热情是一种状态，是一个人获得成功的原动力，是一个人成就事业的源泉。无论是做人还是做事，热情都是必不可少的条件，热情就像发动机一般能使电灯发光、机器运转，能激励人去唤醒沉睡的潜能、才干和活力。热情使莎士比亚拿起了笔，在树叶上记下他燃烧着的思想；热情使哥伦布克服了重重困难，享受了巴哈马群岛清新的晨曦；热情使人们无所畏惧，勇于为自由而战；热情使伽利略举起望远镜，让整个世界为之震惊。因为热情，人们在不断地革新和创造着这个世界。可以说，热情是这个世界上最大的财富。没有了它，世界上任何一件伟大的事都无法完成。其实我们每个人都拥有热情，所不同的是，有的人的热情能够维持30分钟，有的人能够保持30天，但是一个成功的人却能够让热情持续30年甚至更长的时间。

蒙田声称："没有热情的人一无是处。"一个充满热情的人，他的感知能力会增强，视野会扩大，他能够看到别人无法看到的美丽与优雅。工作生活中的劳累、困苦、艰辛以及烦扰都会被热情的态度所消除。

一位知名的金融家说："一家银行，在没有一位做梦都想着如何经营银行的行长之前，是永远都不会取得成功的。"

　　拿破仑是个军事天才，然而他的成功不单单是依靠他的军事才能，还有他那永不停歇的热情和充沛的精力。

　　拿破仑每发动一场战役仅仅需要两周准备时间，如果换成别人则一定做不到。这其中的差别，正是由他那无与伦比的热情所造成的。那些战败的奥地利人个个目瞪口呆，他们也不得不称赞这些跨越了阿尔卑斯山的对手："他们不是人，是会飞行的动物。"

　　拿破仑的内心里充满着征服的激情，他统率下的每个士兵也正是在他的热情感染下，充满了对胜利的狂热渴望，紧紧地跟随着他，从一个胜利走向另一个胜利。拿破仑所到之处，都会聚集成千上万的、自发组织起来欢迎他的居民，即使是一个毫不相关的旁观者，也会被当时热烈的情绪所感染。

　　这就是热情的力量。热情不但能挖掘出自己的潜能，而且还拥有强大的感染力。

　　罗斯是一家电脑公司的业务主管。他刚进公司的时候，感到这个公司像一潭死水一样，毫无生机，员工对工作没有丝毫激情，充满抱怨。公司里的员工们都已经厌倦了自己的工作，他们中的许多人都做好了写辞职报告的准备。

　　他当时就想，这么一个有朝气有活力的行业，员工也都相当年轻，为什么会出现这种情况呢？我能不能改变这种现状？

　　除了对公司制度进行改革，激发员工的积极性外，罗斯还以身作则，用自己充满激情的工作态度去点燃其他员工胸中热情的火焰。每天，罗斯第一个到达公司，微笑着与每一个同事打招呼。在工作的过程中，他调动自己身上的潜力，开发新的工作方法。在他的影响下，公司的员工也都早来晚走，斗志昂扬，一个个充满了活力，公司的业绩不断上升。当然，他的身价也是一日千里，在很短的时间内，便从业务主管被提拔到部门经理的位置。

　　热情是一个人生活和工作的状态。这种状态会影响到你工作的效率和成绩。只有投入自己全部的热情，才能让生活和工作更加有动力，而且这种热情不仅是对于你自己的工作至关重要，对于你的下属和同事同样有着感染作用。

　　投入你的感情，表现你对生活的热情，然后，你就会得到你想要的回报。

　　英国政治家格莱斯顿说："人类社会最需要的，是激发孩子心中潜藏的热情。从某种意义上说，每个人都具有成就事业的潜质，不仅仅只是那些天资聪慧、反应敏捷的孩子；每个孩子身上都有自己独特的潜质，即使那些思维迟钝、看上去愚笨的孩子也是如此。如果拥有坚强的意志和满腔的热忱，那么在意志和信念的作用下，他们也会逐渐变得聪慧。"

魔力悄悄话

　　爱默生说："在人类历史上，每一次伟大而又有决定意义的举动都是某种热情创造的成果。"其实无论什么事业都是如此，不管是生活还是事业，只要你满怀热情，全力投入，你就一定会得到超出自己想象的回报。

热忱激发力量

　　热忱激发力量。一个对工作充满热忱的人，始终认为自己的工作是一项神圣的天职，并怀着深厚的兴趣。对工作热忱的人，不论工作有多少困难，始终会用不骄不躁的态度去进行。只要抱着这种态度，任何人都一定会成功。如果毫无热忱地从事某项工作，那么工作就是被动的、机械的，就是在痛苦地混日子，用这种态度对待工作而要想取得事业的成功，无异于痴人说梦。

　　热忱是人们行动的第一推动力。每一个成功的人士都有一种疯狂工作的热情，这种热情就是他内心热忱的巨大迸发。热忱很多时候也是一种生活状态，一种潜意识，而往往潜意识要比显意识的力量大得多。如果能发挥出自己潜在的意识，即使一个普通人，也能创造出奇迹。米老鼠的创始人，卡通大王沃特·迪斯尼正是凭借着疯狂的工作热情，而一举成名的。

　　1918 年以前，沃特·迪斯尼尚是一名默默无闻的画界小卒。米老鼠的诞生改变了他一生的命运，使他成为全美最知名的人物。东起锡兰岛的茶园，西至阿拉斯加的渔村，他是广被世人所喜爱的人物。

　　沃特·迪斯尼的成功与热忱是分不开的。热忱在他的生命中发挥了巨大的力量，促使他一次又一次地从失望中走出，创造出了世界儿童所喜爱的米老鼠形象。

　　迪斯尼出生于密苏里州的坎萨斯城，少年时代最大的梦想就是成为一名画家。学校毕业后，他到堪萨斯城明星报社找工作，让总编辑看他的自画像。总编辑一看他的作品就说不行。说他毫无画画的天赋，他只好垂头丧气地回家了。

　　虽然这次找工作失败而归，但迪斯尼并没有失去信心，他对绘画的热忱丝毫未减。

　　后来，经过几番努力，他好不容易找到工作，在高中教绘图，薪资很低微。因为一直借不到办公室，他便使用父亲汽车厂的工作室。那时的辛苦是可想而知的，也正是在充满汽油及润滑油气味的车厂工作，才引发了日后价值百万美元的构想。

事情的经过是这样的。一只小白鼠在汽车厂的地上窜来窜去，迪斯尼停下正在作画的手，抓起面包屑喂小白鼠。日复一日，小白鼠就和迪斯尼就得十分亲热了，甚至会爬到画板上去。不久，他就搬到好莱坞开始制作《奥斯沃特与兔子》的卡通影片，但却全部失败了。他再一次失去了他的工作，又成为一个一无所有的人了。

失业后的迪斯尼并没有失去绘画的热忱。一日，他在公寓里正思索有什么好点子时，忽然想起了堪萨斯城的汽车厂中，在画板上爬来爬去的小白鼠。因此，沃特·迪斯尼立刻着手描绘小白鼠——这就是米老鼠诞生的经过。堪萨斯城的那只小白鼠恐怕早已死去了，他就是全世界最有名的电影巨星"米老鼠"的祖先。今天，电影界收到影迷信件最多的明星就是米老鼠。播放米老鼠跳舞电影的国家，比其他任何电影明星都多。此后，沃特·迪斯尼每周必往动物园研究动物们的动作及叫声。米老鼠影片中，Mickey 声音的角色，及许多动物的叫声，多是由他自己担任配音。卡通影片的制作必须有许多原画，米老鼠影片中的原画都是迪斯尼自己一张一张地画出来的。

迪斯尼就是凭着一颗对卡通的热忱之心才能一步步走向成功。他全身心地投入到电影的构思之中，只要有一点构想，就与剧本部的助手们共同商议。有一天，他提出了一个构想，他想起儿童时期母亲所念过的童话故事改编成彩色电影，那就是三只小猪与野狼的故事。助手们都摇头不赞成，后来只好取消了这一计划。但是迪斯尼心中却一直无法忘怀，屡次提出这构想，都一再地被否决掉。终于，因为他有着一种无与伦比的工作热情，并且不断地提出，大家才答应勉强试一试，但是对它却不抱任何的希望。米老鼠制片费时 90 天，如果《三只小猪》再花 90 天那就太浪费了，因此，迪斯尼决定用 60 天就完成它。剧场的工作人员都没有料到，该片竟受到全国人民的热烈喜爱。这实在是空前的大成功。从乔治亚州的棉花田到俄勒冈州的苹果园，它的主题曲风靡全国——"大野狼呀，谁怕他，谁怕他？"后来，据迪斯尼自己说，该片在一家著名的大电影院里一周总共上映了 7 次之多。这在卡通影片的历史上是史无前例的创举。

后来，记者采访沃特·迪斯尼，问起他为什么能创造如此奇迹，何以能创造出米老鼠这个人人喜爱的形象来，迪斯尼回答：所有成功的秘诀全部都在于热忱地工作。他说只是赚钱并无乐趣，工作是他生活的乐趣及冒险。而在工作中，热忱令他发现了更多的乐趣。

热忱是促使马达转动的电力。真正充满热忱的人可以从他的眼神里，从他勤快的步伐里看出来。热忱切不可以只是做表面功夫，它必须发自一个人的内心；假装出来的热忱是不会持续很长时间的。产生持久热忱的方法之一是定出一个目标，努力工作去达到这个目标，而在达到这个目标之后，再定出另一个目标，再努力去完成。这样可以提供兴奋和挑战，因此也就可以帮助一个人维持热忱。

龙哈迪是美国历史上最伟大的教练之一，在皮尔博士所写的一本小说《热忱——它能为你做什么》一文中有这样的叙述：龙哈迪在达绿湾的时候，他面对着一支屡战屡败而失去战斗力的球队，静静地看着他们。过了一段很长的时间，他以低沉但很有力量的声音说：各位，我就要有一支伟大的球队了！我们要战无不胜！听到了没有？你们要学习防守，你们要学习奔跑，你们要学习拦截，你们要进攻，你们要胜过和你们对抗的球队，听到了没有？你们要相信我，你们要对我的方法充满热情，一切的秘诀都在这里（他敲着自己的印堂）。从此以后，我要你们只想这件事，你们的家庭，你们的宗教和达绿湾包装者队，要按这个次序让热忱充满你全身。队员们全都从椅子上站了起来，并记下了自己的感觉，觉得自己热血沸腾，雄心万丈。就在那一年，龙哈迪所带领的这支球队打赢了 70 场球，成为区冠军、全国冠军、世界冠军。一个球队的根本转变，不只是球员的刻苦训练和对运动的喜爱，更重要的是有了热忱才造成了这种不同的结果。

热忱可以鞭策一个人从浑噩中清醒起来。世界旅馆业大王希尔顿就是一个典型例子，他因为善用热忱而几乎与英国女王齐名。

1887 年，肯纳特·尼柯尔森·希尔顿出生于新墨西哥州的圣安东尼。年轻时，他从来没有闲下来过，他做过各种工作，比如工友、办事员、做生意、矿山投机者与种植业等等，也曾经参与政治和银行关系的工作，最后他因为父亲事业的失败而回到了他的故乡新墨西哥。

那时，希尔顿打算在石油兴盛的德州大干一场。于是他变卖家产共计得到了 5000 元美金，很小心谨慎地带在身边只身前往德州，他想在那里做"银行业"，其实是金币买卖。因为 5000 元美金，在当时几乎可以买下一家银行。但是，经过一番深思熟虑后，他却买下一座叫莫布雷的小旅馆，从此踏出经营旅馆业的第一步。

经营莫布雷小旅馆时，希尔顿只有 31 岁。但是，这个年轻人成功了。希尔顿成功的秘诀是：首先，他热衷于从事旅馆业。其次，他将旅馆业作为自己一生的唯一事业来做。他一生只做这一件事。当时，旅馆业并不被认为是一种企业，所以，人们并不过多地在旅馆业上花费经营心思。但希尔顿有自己的想法，它认为经营旅馆业就等于经营"企业"，经营旅馆业要像经营企业一样有明确的思路。而且他把旅馆业当作一种不动产业，如果碰到有倒闭的旅馆，他会以极低廉的价钱买下来，把建筑物加以豪华的装修，然后开始经营并盈利，一有机会他再以买价的数倍价钱卖出去，以扩大储蓄，壮大资金。

在事业起初的日子里，希尔顿经常在关键的时刻背负债务，也正因如此，他才一次次买下自己实力所无法负担的旅馆。为了购买看中的旅馆，希尔顿经常从银行或个人资本家那里借来大量资金，并且把股东都拉进来。希尔顿的这种行为使许多"金主"大感疑惑。然而，后来的事实却使股东们不得不相信希尔顿确实是位"天才"。

始终如一的热忱是希尔顿成功的关键，正如他自己所说："人一定要有热情。"否则，什么也坚持不到底，什么也做不了。希尔顿为了实现自己的理想不顾一切地拼命努力，另外加上他具有超越这个时代的前瞻性，所以，他的辉煌成为一种必然。

魔力悄悄话

诚实、能干、友善、忠于职守……所有这些特征，对准备在事业上有所作为的年轻人来说，都是必不可少的，但是最不可或缺的是热忱。发明家、艺术家、音乐家、诗人、作家、英雄、人类文明的先行者、大企业的创造者，无论他们来自什么种族、什么地区，无论在什么时代，那些引导着人类从野蛮社会走向文明的人们，每一个都是充满热忱的人。

不要因为错过而痛苦

生活中，我们能看到的往往只是事物的一个侧面，这个侧面让人痛苦，但痛苦却是可以转化的，蚌因身体嵌入砂粒，伤口的刺激使它不断分泌物质来疗伤，如此，就出现一颗晶莹的珍珠。哪颗珍珠不是由痛苦孕育而成？可见，任何不幸、失败与损失，都有可能成为我们有利的因素。

生活中谁都难免遭遇挫折，只要你建立信心，继续努力，生活中，肯定会有"柳暗花明又一村"的新景象。

西娅在维伦公司担任高级主管，待遇丰厚。很长一段时间，她都为到底去什么地方度假而烦恼。但是情况很快就变得糟糕起来。为了应付激烈的竞争，公司开始裁员，而西娅则是被裁掉的一个。那一年，她43岁。

"我在学校一直表现不错！"她对好友墨菲说，"但没有哪一项特别突出。后来，我开始从事市场销售。在30岁的时候，我加入了那家大公司，担任高级主管。"

"我以为一切都会很好，但在我43岁的时候，我失业了。那感觉就像有人给了我的鼻子一拳！"她接着说，"简直糟糕透了。"

西娅似乎又回到了那段暗无天日的日子，语气也沉重了许多。但是，不久她凭借自己的优势找到了工作，两年后，她就已经拥有了自己的咨询公司。

"被裁员是一件糟糕的事情，但那绝对不是终点。也许，对你自己来说，可能还是一个改变命运的机会，比如现在的我。重要的是如何去看待失败，我记得那句名言，世界上没有失败，只有暂时的不成功。"西娅真诚地对墨菲说。

在人的一生中，每个人都不能保证在事业上能够一帆风顺。很多人刚刚步入社会，自身的经验、才能都尚在成长之中，加上社会上竞争激烈，各个用人单位对人才的要求不尽相同，这期间面试遭淘汰，或者工作不适被辞退，这都是很正常的事情。你不必为此感到屈辱，耿耿于怀。

世界充满了就业的机会，也充满了被淘汰的可能。被淘汰不一定是坏事，也许这正是上天在以另一种方式告诉你：你未尽其才，你需要寻找更适合你发展的空间。

从某种意义上讲，所有的思维和行为都具有两面性。阿尔伯特·爱德华·维盖姆博士曾对积极侵略性和消极侵略性做过精确的论述。维盖姆博士是一位知名作家，身兼报业辛迪加特别栏目《探索你的心灵》的作者。他很敏锐地发现并指出消极情绪同样富于侵略性。巧的是，这与约翰·多拉德博士所做的一项著名的调查研究得出的结论相同。不同的心态导致不同的侵略性，消极心态所导致的侵略性是带有破坏性和毁灭性的。这个由心理学家和社会学家不谋而合地得出的定论，值得引起我们重视。

相比消极的心态，消极的心态能产生力量，甚至有时强于消极心态的力量。就像我们应该最大限度地发挥和利用积极心态的力量一样，我们更应该尽最大的努力消除和排斥消极心态的力量。

我们不能肯定，一个怀有积极心态的人就一定没有消极思想的存在。我们所能做的就是尽量控制蠢蠢欲动的消极心态，使积极心态占据主导地位。当球星文森特提出返回球场时，队员没有提出一丝的反对意见。于是文森特以积极乐观的态度面对队员们，并用自己的激情鼓励他们。值得骄傲的是球队在整个赛季中保持了全胜的纪录，这其中就有着文森特所注入的积极的力量。为了庆祝骄人的成绩，他们举行了一个规模很大的庆祝会，一致决定给文森特送一份有意义的礼物———一个全体队员签名的足球。遗憾的是，庆祝会在每个队员心中都感到并不完美，文森特因身体太过虚弱而错过了庆祝会。

几周后，为了再次看到队员们在赛场上的身影，文森特强撑着虚弱的身体回到球队。他除了脸色苍白之外，依旧面带微笑，积极乐观，再次融入朋友中来。又一轮的比赛结束后，教练把他和整个球队的队员聚集到办公室，轻声责问他："怎么没有来参加庆祝会？"他努力用笑容掩盖脸上的苍白，颇有幽默感，说："亲爱的教练，你不知道我正在节食吗？"

这时大家拿出胜利的签名足球送给他，说："最亲爱的文森特，我们的胜利离不开你的功劳，你同我们的胜利永在！"大家一起把足球托到文森特的面前。文森特轻声道谢，眼里溢出泪水。于是大家都兴奋起来，满怀信心地讨论下个赛季的计划。在相互道别时，文森特以坚定的目光望着教练和队员们说："再见，我亲爱的教练和朋友们！"

"亲爱的文森特，你的意思是我们明天见，是不是？"教练关爱地问。

这一刻，文森特的眼睛格外的明亮，坚定的目光化作一缕微笑："别替我担心，我很健康！"说完，便转身离开了。

两天后，文森特离开了人世。

其实，文森特早已知道自己的身体状况。对此，他不但坦然接受，而且面对余下的短暂时光他选择了积极地生活。他显然是一个意志坚强、积极思考的人，能将悲惨的事实转化为精彩的生活体验。这不得不让我们由衷地钦佩。也许你会说，他依然难以对抗病魔的双手，不得不接受死亡的到来，积极的心态最终也没能让他起死回生，帮他多少忙。这句话当然不对，因为积极的心态并不能改变自然的规律，这是无可厚非的。然而，文森特却凭借着自己对积极人生的信仰力量，在最坏的环境中、最糟的状态下表现出令人振奋的状态。他绝不学鸵鸟，将头埋在沙堆里逃避事实。他完全接受了一个改变不了的命运，但病痛却并不能击倒他积极生活的心态。你认为他的一生失败了吗？他的生命虽然短暂，但他把勇气、信仰与欢笑永远地留在了人们的心中。

这就是积极心态的力量。这就是坚强的意志。这就是拒绝被打败，这也就是尽你一生所有，敢于面对人生。

魔力悄悄话

著名心理学家威廉·詹姆斯曾说：世界由两类人组成，一类是意志坚强者，另一类便是意志薄弱者。在面对困境时，后者一贯的态度是逃避，畏缩不前。面对意想不到的困难，极易受到伤害，从而灰心丧气、自暴自弃，始终逃不脱痛苦和失败的罗网。然而敢于直面人生、意志坚强的人则是另外一番景象。他们潜行在各行各业、不同的阶层，有脑力劳动者也有体力劳动者，有商人也有艺人，有老人也有年轻人。他们内心怀有与生俱来的坚强特质及面对一切勇于承担的勇气和魄力。

做真正的自己

　　只有做自己喜欢做的事情，才会有所成就。做你自己喜欢做的事情，其实并不简单，大多数的人多半都在做他们讨厌的工作，却又必须逼自己把讨厌的事情做得最好。他们经常失去动力，遇到事业的"瓶颈"时没有办法突破，他们不断地征求别人的意见，却还是照着一般的生活方式在进行，凡事没有进展，原地踏步，难道这些都是他们想要的吗？不是的。

　　船停泊在港湾是安全的，但船的用途并不在于此。人如果躺在地上就不会跌倒，但这并非人活着的目的。有一首诗这么写道："坟墓是幽静的地方，不受干扰。但我想，没有人愿意在那里休息。"人生在世，就是要去体验。只有勇敢迈向未知的领域，才能领悟生命的真谛。尝试自己没有做过的事，才能学到经验。每一个人每一天所想的事，有 90% 以上是重复前一天的想法。我们就像鹦鹉一样，一再重复着自己说过的话和做过的事，过着如"流水账"一般的生活。

　　生活的目标是"做真正的自己"。你是愿意维持现有生活的安逸，接受熟悉的条条框框的限制，还是愿意追寻你的幸福源泉，敢于做新的尝试，探索内心世界的未解之谜？

　　人生就是一个自我探索的过程。被称为"中国富爸爸"的汤小明最初是位大学教师，后报考了人民大学的经济系研究生。研究生毕业后，他进入国家教委。由于对"工作方式"不感兴趣，他辞职去了一家国营证券公司。由于对"国营企业体制"不满，他只干了两年就离开了。之后，汤小明下海做了一名商人，创办过多家企业，涉及水产、电子、建材等领域，但都不是很成功。

　　直到他在一个偶然机会进入到图书出版领域，才真正发现了自己所热爱并决定为此奋斗一生的事业。通过运作《富爸爸穷爸爸》，汤小明打开了他人生中的另一扇窗户。从此，他开始致力于自己感兴趣的事业——财商教育。只有深入地进行社会实践，在实习和工作的过程中，发现自己的兴趣，发现自己的特长，发现自己的短处，最终才能找到自己一生要从事的职业目标。只有在工作之后，你才知道你是否真正愿意把自己的一生献给某个行业。工作之后，发现了某个事情是你最擅长的。同时，还会发现行业里面有哪些缺陷、有哪些不足，这些缺陷和不足，其实就是你把握良机、出奇制胜的机会。

一个人的"成就"来自他对自己所擅长事业的专注和投入。只有无怨无悔地付出努力的代价，才能享受甘甜美味的果实。

社会上大部分人，只会羡慕别人，或者模仿别人做的事，很少有人能了解自己的专长，了解自己的能力，然后发挥特长，所以不能够成大事。据调查发现，有28%的人正是因为做了自己最擅长的事，所以才能够掌握自己的命运，并把自己的优势发挥得淋漓尽致。这些人自然都跨越了"弱者"的门槛，迈进了"成功者"之列。相反，有72%的人正是因为总是身不由己地做着自己不擅长的事，因此，不能脱颖而出，更谈不上"成大事"了。实际上，世界上大多数人都是平凡人，但他们都希望自己成为不平凡的人，梦想成大事，才华获得赏识，能力获得肯定，拥有名誉、地位和财富，然而，遗憾的是，真正能做到的人，似乎总是不多。

魔力悄悄话

如果你用心去观察那些成功者，就会发现，他们几乎都有一个共同的特征：不论聪明才智高低与否，也不论他们从事哪一种行业、担任何种职务，他们都在做自己最擅长的事。

养成努力工作的习惯

　　年轻人刚走出大学校园，对自己总是抱有很高的期望，认为自己一开始工作就应该得到重用，就应该获得丰厚的酬劳。他们在薪酬上相互攀比，仿佛工资是他们衡量一切的标准。但事实上，刚刚步入社会的年轻人缺乏社会经验，短时间是无法委以重任的，薪水自然也不可能很高。

　　现在有些年轻人往往将社会看得很现实，所以对金钱问题看得更加现实。在他们看来，我为公司干活，公司付我一份报酬，等价交换，仅此而已。他们看不到工资以外的东西。他们缺少一种热情，工作时总是采取一种应付的态度，能少做就少做，能躲避就躲避，敷衍了事。他们只想对得起自己挣的工资，从来没有想过这样是否会丧失许多发展的机会。

　　在一次慈善晚会上，富翁乔治发表了一场演说，深深打动了不同职业的听众。

　　"我刚来纽约的时候，在一家商店替人扫地，一个星期挣 6 美元。到了年底，我又找了一家公司工作，在那里我一个星期拿 14 美元，但我依然努力工作。之后，我进了纽约的一家大公司，在那里我当上了商务代表，周薪 30 美元。那个时候，我对自己说，我要通过自己的努力进入管理层。过了不久，我被董事长叫进了办公室，桌上摆着一份新的合同。这是一份长达 10 页的合同，在这份合同中，公司提供给我的待遇是年薪 1 万美元。"

　　"我和妻子每周只花 8 美元，节省下来的钱全部用来投资。在我的两份合同到期时，我投资所得的回报已经达到了 11.7 万美元。我用这些钱投资入股公司，成为公司的合伙人，不久之后就变成了百万富翁。"

　　这位富商还告诉人们，当他开始工作时，许多朋友劝告他说："乔治，你真傻，这份工作这么累，而且收入又低。你每天都加班到深夜，什么时候才能熬出头？"但是乔治回答说："既然我来到纽约，就要干出一番事业来，也许现在我必须做这些别人不放在眼里的活，但我坚信总有一天，我会成功的。"

尽责——了却君王天下事

在他来到纽约这座城市时，就下定决心要成为一个成功者。他从不会错过任何一个学习做生意的机会，即使是在店里扫地的时候，他也会观察老板是怎样和客人们打交道的。他总是在观察、学习、总结，在休息的时候，他会试着和客人们攀谈，了解他们的消费观念和消费需求。有时他也会问老板一些生意方面的问题，时间长了他便总结出了很多生意经。虽然那时他一周只有6美元的收入，可是他所学到的东西岂能是6美元所能相比的？

观察乔治每一天的工作，你会发现他真的很有做生意的天赋，在他身上你可以找到一个出色的经营者应该具备的素质。

我们没办法保证，每天都是在干自己喜欢的工作，就算你跳槽，也不可能找到完全符合自己兴趣的工作，而且，每一篇《求职者须知》都告诉你要适应工作，而不是让工作来适应你。因此，我们在面对自己不喜欢的工作时，也要保持一定的热情，培养自己的兴趣，干好自己的本职工作。

许多人认为，所谓工作，就是一个人为了赚取薪水而不得不做的事情。另一部分人对工作的见解却大不相同，他们认为：工作是施展自己才能的平台，是锻炼自己的武器，是实现自我价值的工具。日本 M 电机公司的科长山田曾表示：有的人认为工作是为了赚取薪水而不得不做的事情，那是因为他们都缺乏对工作的兴趣。同时，他以一种非常遗憾的口吻回忆了他自己年轻时候的教训。

山田先生从大学毕业进入 M 电机公司时，被派往财务科就职，做一些单调的记账工作。由于这份工作非常简单和枯燥，连初中或高中毕业生都能胜任这份工作，山田先生觉得自己一个大学毕业生来做这种枯燥乏味的工作，实在是太大材小用了，于是在工作中他没有投入自己全部的热情和精力，加上山田先生大学时代成绩非常优秀，因此，他更加没有重视这份工作。因为他的疏忽，工作时常发生错误，遭到上司责骂。

山田先生认为，自己如果"当时能够不看轻这份工作，好好地学习自己并不擅长的财务工作，便能从财务方面了解整个公司，这样一来，财务工作就会变得很有趣。"然而由于他蔑视这份工作而致使学习的良机从手中流失，直到后来，财务仍是山田薄弱的环节。

由于山田对财务工作没有全力以赴，以至于被认为不适合做财务工作而被调到营业部门。但身为推销员，又必须周旋于激烈的销售竞争中，于是他再次陷入窘境，这对山田而言，又是一种不满。他并不是因为想做一个推销员才进入这家公司的，他认为如果让他做企划方面的工作，一定能够充分发挥他的才能。所以，他又非常轻视推销的工作，尽可能设法偷懒。因此，他只能达到一个营业部职员的最低业绩标准。

现在回想起来，如果当时能够全力以赴他做好推销工作，山田就能够磨炼自己在人际关系上的应对、进退能力，并能培养掌握对手心态的方法，而加以适当的辨别。然而，山田当时却一味敷衍了事，以至于后来仍对自己人际关系的能力没有自信，这对目前的山田而言，也是非常薄弱的一个环节。

山田先生因此又丧失了作为推销员的资格，并被调至调查科。与过去的工作比较起来，似乎调查工作最适合山田先生。他觉得自己终于遇到一份有意义的工作，并投身于此，而且，逐渐提升了工作绩效。

但由于过去 5 年左右的时间，山田非常马虎的工作态度，使他的考核成绩非常不理想，和他同期的人员都已晋升为科长时，他还只是普通的一员。

这个教训对于山田来说是非常巨大的。过去公司指派的所有工作，对于山田而言，都各具意义。然而，由于山田只看到工作的缺点，以致无法了解这些工作是磨炼自己的最佳机会，也就无法从工作中学习到经验，所以至今这些事仍然是山田的一个遗憾。

大多数的人未必能一开始就能获得非常适合自己的工作，倒是有相当多的人，刚开始都被委派做一些非常单调、呆板且自认为毫无意义的工作，于是认为自己的工作枯燥无味或说公司一点都不曾发现自己的才能，因而马虎行事，以至于无法从该工作中学到任何东西。

魔力悄悄话

对待任何工作，都要有良好的心态。如果暂时找不到自己感兴趣且擅长的工作，也要保持工作时的热情。即便是单调且无趣的工作，也应该用各种方法，让自己的工作变得更为有趣且富有意义。

一天一个希望

人的一生，难免会有起起落落。每个人的一生都注定要经历许多的崎岖坎坷，品尝生命带给我们的苦涩与辛酸，经历挫折与失意。生活中有太多的无奈，但是只要我们每天给自己一个希望，让阳光照进自己的心房，再大的苦难也会被我们踩在脚下。

杰米曾是一个破产电动机厂的经理，在法院通知他公司破产的时候，太太与他离婚了。面对这突如其来的打击，杰米并没有放弃，他选择以捡破烂为生。每天他给自己一个希望，每天背着一大袋可乐空瓶去卖，并且每天总结一天的成功之处，分析失败的原因。久而久之，就养成了很好的工作习惯。今天的杰米已成为澳洲工业巨子——JT 集团的头号人物。

生活是残酷的，它并不像我们想象中的那样一帆风顺，而是时常伴随着狂风暴雨、急流险滩。当现实无情地击碎我们所有努力的时候，或许我们会陷入极度失望与痛苦之中。这时，失望就像是一只无形的黑手，把我们拉向无底的深渊。面对这种危急时刻，就需要希望为我们护航，需要希望来给我们指引方向。只要每天给自己一个希望，它就会成为我们心中温暖而灿烂的太阳，为我们赶走一切黑暗，让我们有勇气去战胜未来路上的一切艰难险阻。

有一位年轻的姑娘，她极有可能成为未来的舞蹈家，但现在因疾病已经躺在病床上很久了。贫困使她无力承担医药费用，更何况她还没有食物来填饱肚子。有一天早晨，病床上的姑娘对自己的同伴说："从我的窗口可以看见对面的矮墙，我可以看见上面还有 5 片树叶，如果到最后那里还有一片树叶，我就会看到下一个春天的来临。"姑娘知道自己的病情已十分严重，医生的脸上也流露出不太乐观的神情。每一天，姑娘睁开双眼去看对面矮墙上的树叶。狂风吹过，树叶掉落，到了第三天，墙上只剩下最后一片树叶了。

姑娘的同伴很焦急。这位好心的伙伴来到同一栋楼的老画家那儿，去请求他的帮助，想办法挽留那片树叶。同样一无所有的画家对那位好心的姑娘说："风一夜能吹落所有的树叶，我也没有办法，冰天雪地的又怎么去想办法呢？"大家都充满悲伤地等待着，希望明天病床上的姑娘还能活着。

第二天早上，姑娘从病床上睁开眼，疲惫而又欣喜地说："我就知道还会有一片绿色的树叶悬挂在枯萎的藤蔓上。"

但她不知道那是老画家晚上提着灯，赶在天亮前在矮墙上画上了一片绿叶，是他给了病危的姑娘一个新的希望，也给了病危的姑娘一个坚持下去的动力。后来，姑娘的病好了，她果然登上了舞台，成了著名的舞蹈家。

魔力悄悄话

希望是生命激情的催化剂，也是催人奋进的动力。有希望就会有奇迹的发生。希望，不一定是多么伟大的目标，可以缩小到平淡生活中的一个个小期待、小满足。明天会见到太阳、明天将会完成一个新的计划……每天给自己一个希望，我们将活得生机勃勃、激昂澎湃，这样我们就没有时间去叹息、去悲哀，也不会将生命浪费在一些无聊的小事上。每个人在有限的生命里都有无限的希望，只要我们记得每天给自己一个希望，我们就一定能够拥有一个丰富多彩的人生。

做个善于准备的人

我们常说：养兵千日，用兵一时。这是一种准备哲学。准备工作做得越充分的人，成功的机会就越大。

在实际生活中，我们每天都在面对各式各样的困难，既然我们不能预知我们的际遇，我们只能调整自己的心态，随时准备好去应付最坏的状况。

某大学中文系毕业生小叶听说市政府要招聘一个文字秘书。当时，他所在学校的学生会主席、班长以及其他几十名大学生都纷纷应聘这个岗位，准备的简历、资料一个比一个华丽、详细。然而，小叶在大学4年期间先后在省市级多家报刊发表过上百篇文章，他灵机一动，拿着厚厚一沓稿费通知单的复印件到市政府应聘，结果被顺利录用。

1921年6月2日，电报诞生整整25周年。美国《纽约时报》对这一历史性的发明，发表了一篇简短的摘要，其中传达的一个重要信息是：现在人们每年接受的信息量是25年前的50倍。

当时，对这一消息，美国至少有16人作出了反应。那就是，创办一份文摘性刊物，让人们能在如汪洋大海一般的信息中，尽快获得自己需要的东西。

这16人中，有律师、作家、编辑、记者，甚至还有一位名叫瑟麦锡的国会议员，他们都认为这类刊物必定有广阔的市场。

在不到3个月的时间里，他们都到银行存了500美元的法定资本金，并领取了执照。然而，当他们到邮电部门办理有关发行手续时，却被告知该类刊物的征订和发行暂时不能代理，如需代理至少要等到明年中期选举过后。

结果，其中的15人为了免交执业税，向管理部门递交了暂缓执业的申请。只有一位叫德威特·华莱士的年轻人没有理会这一套，他回到他的暂住地——纽约格林尼治的一个储藏室，和他的未婚妻一起糊了2000个信封，装上征订单运到邮局寄了出去。

自此，世界出版史上的一个奇迹就诞生了。80 年后，他们创办的这份文摘类刊物——《读者文摘》已拥有 19 种文字、48 个版本，发行范围达 127 个国家和地区，订户 1 亿人，年收入 5 亿美元。

魔力悄悄话

中国有一句古话："与其临渊羡鱼，不如退而结网。"成功从来都是青睐有准备的人的。我们的人生也是如此，面对困难、问题，手足无措，仓促应战，只会导致失利。胜利，只属于有充分准备的人。

有勇气才有活力

有这样一则故事：

福勒是美国一位贫穷黑人家庭的孩子。为了在社会上生存，他决定把"经商"作为生财的一条捷径，最后选定生产肥皂。

开始，他采取自销的方法，挨家挨户推销肥皂达12年之久。后来，他得知供应他肥皂的那家公司即将拍卖，售价是150万美元，他决定买下这家公司。但是他在做肥皂生意的12年中所有的积蓄加起来也只有25万美元。

最后，福勒与那家公司达成了协议：他先交25万美元的保证金，然后在10天的限期内付清剩下的125万美元。如果他不能在10天之内筹齐这笔巨款，就会丧失所交付的保证金，也就是说他将倾家荡产。

福勒为了筹集资金，他首先想到他在推销肥皂的12年里获得了许多商人的尊重和赞赏，于是他去找他们帮忙。

他从私交的朋友那里借了一笔款子，也从信贷公司和投资集团那里得到了些帮助。然而到了第9天，福勒筹集的资金距125万美元还差1万美元。

而他当时已用尽了自己所知道的一切贷款来源。那时已是深更半夜，他独自一人走在大街上。他看见一家律师事务所亮着灯，便走了进去。在那里，坐着一个因深夜工作而疲惫不堪的人。福勒意识到自己必须勇敢些。

于是，他上前直截了当地问："你想赚1000美元吗？"这句话把那人吓得了一跳，"是呀，当然喽！"他答道。"那么，给我开一张1万美元的支票。当我奉还这笔借款时，我将另付1000美元的利息给你。"福勒对那个人说。

他把其他借款人的名单拿给这位承包商看，并且详细地解说了这次商业冒险的情况。当他离开这家事务所时，他筹够了这笔款子。冒险精神使福勒不仅没有倾家荡产，而且生意日渐兴隆，渐渐发展成拥有 7 家公司和一家饭馆主要股份的富翁。

当机遇来临时要敢于冒风险，不要因不愿承担风险而失去机会。

要做一个成功的人，必须有过人的胆识和气魄，也就是要敢做别人想不到的，或者别人想到了但不敢去做的事情，特别是能察人之所未察。

所谓"撑死胆大的，饿死胆小的"，似乎是商界一条古今中外相通的法则。

然而，人们的冒险精神似乎随着年龄增长而逐渐减退了，一方面是人们在经历失败以后，产生挫折感而导致泄气，如果没有适度的激励因素，就会倾向减少冒险尝试，以减少失败的打击。另一方面是传统的教育观念使然，长者基于保护幼者的心理，小孩子一旦做出任何危险行为，马上会受到大人们的责备，因而养成"安全至上，少错为赢"的习惯，立志当个不做错事的乖孩子。

当人们的冒险精神逐渐消退之际，"逃避风险"便成为一种习惯。虽然逃避风险并不是坏事，但过度地规避风险就会成为投资致富的严重阻碍。

当你刚着手做一件事时，要想清楚先走哪一步，而且要选你有相当把握能完成的作为第一步。这样一步一步地积累，最后就能达到你的目标。

"恐惧"是有价值的，只要你懂得如何面对害怕。工作中，因为害怕被淘汰，所以我们努力、我们敬业，我们给自己定下了许多可能实现或者还不可能马上实现的目标，我们把自己的头抬得很高，总是望着更加高远的目标，我们忙碌得像蜘蛛、像蚂蚁，只求自己不要作为多余的词句被时代给删去。在各行业都竞争激烈的今天，"恐惧"使我们得到锻炼也得到提升。

英雄和懦夫同样会感到畏惧，只是这两者对畏惧的反应不同而已。

许多人遇到困难时，都会选择退缩，以求自保。于是，他们把全部精力集中在如何减少损失上，而不去想怎样发挥潜力，结果往往会一败涂地。

当一个人能够控制恐惧时，他便能控制自己的思想与行动。"勇气"的来源就是控制恐惧，而培养冒险精神始于了解风险。勇于冒险的人并不是不怕风险，只是因为他们能认清风险，进而克服对风险的恐惧。

大多数成功人士的脑子都不受现实环境的限制，思想不受传统想法的束缚。许多有创造力的人都知道，革新不需要天才，只需要对传统的行事方式提出质疑。

你在做从来没有做过的事情时，不管事前准备得多么充分，有一件事总会发生，那就是犯错误。无论是谁，只要他不断向自己提出挑战就难免会出错。失败并不可怕，可怕的是你不能从失败中吸取教训。

魔力悄悄话

你肯冒险就可能取得出乎你意料的成就。冒险犯错会使你的生活充满刺激，会令你不断挑战自己，有所收获，并且感到充满活力。精明的人能估测出冒险的系数有多大，并做好应付风险的准备。世界的改变、生意的成功，常常属于那些能抓住时机、敢于冒险的人。

调整好自己的心态

通过积极的心态获得物质上的成功固然重要，但要满足社会中人们深层次的需求则更加重要，其中之一便是为社会所接受的需要。人类是群体性动物，任何人都无法摆脱这一特性，否则生命便是虚无缥缈、毫无意义的，他也将悲哀地失去人生的价值。生活中每个人都深切地感到内心的孤独，强烈地希望能被自己所热爱的社会群体所接受，渴望被认同和重视。只有当我们融入某一群体时，才会获得一种生活的归属感，理想和人生目标才会显得有价值。因此，对人世间每个生命个体来说，最可怕的命运莫过于遭到孤立。

当你觉得自己很孤独，在这个世界上连一个朋友都没有，此时只要你能正视自己，你就会发现自己的消极和粗心。如果你发现是你所属的群体限制了你，仅仅结识了一两个办公室的同事，或者因为工作原因结识了其他部门里的人，或者只能在旅途中结识陌生的朋友，你尽可以打破这种局面。如果你整天与一群酒鬼、赌棍混在一起，这也只能说明你愿意过这样的生活，你并不想提升自己，只想沉溺在自己的小天地里虚度光阴。

有一个女孩出生在美国南部一个极其普通的小镇，她曾向祖母抱怨说："这里的人心胸狭窄、愚蠢、令人讨厌，到处死气沉沉，没有理想，没有理解力。"就这样，她慢慢地变成一位对生活极为不满的年轻女性。她没有发现自己内心其实想要的是他们的理解。面对这一状况，祖母想尽一切办法，极力解释乡亲们的情况："看看我们周围的这些人，他们是多么的勤劳，家庭生活打理得井井有条，每个人都在做着对社会有益的事情。"这些解释看来对这位年轻女性毫无帮助，因为接下来她宣称，他们和她简直就是两类人。再后来，她到了纽约，在众多成功的作家、艺术家或者类似的职业人群中找到了归属感，成了一名作家。

她现在的心态和以前相比有了很大的改观，甚至可以说简直像是变了一个人似的。同时，她又觉得这群青年又太过理想幼稚，而且十分激进，多少显得有些愚蠢。在常人看来他们过于标新立异、放荡不羁，像是毫无教养。她感觉他们根本就没有什么让人惊奇的才华，但却个个野心勃勃，又对什么都不屑一顾。就这样她清楚地看到一群浮夸骄躁的人，他们的思想和反叛行为毫无可取之处。这一切又让她陷入强烈的不安之中。

经历过这一切后，她开始意识到这是自己的心态问题，她开始从自身寻找原因。于是，她换了一种新的角度来看待自己的朋友。怀着这种积极的心态，她体会到以往她的那些朋友身上也充满着闪光点。于是，她同过去的自己告别，并用积极的心态接触和选择可以接触的人。此后她发现不论是在纽约还是以前她曾去过的其他地方，并不缺乏值得她去结识的人，前提是自己要成为一个值得别人接触的人，这样自然有很多有教养且善良的人乐意与她结交。

凭借着这种自制力，她渐渐地获得了稳定的社交地位，许多受人尊敬的剧作家、画家、演员和她逐渐熟识，并与她结下了深厚的友谊。至此，她让自己的生活变得丰富多彩。

魔力悄悄话

当然，有一些人对这一话题可能十分反感，或许你觉得自己足够讨人喜爱，在社会的众多角色中，不管你是哪一类，你几乎都必然处于某种社会交往的状态中。当你现在处在这一状态中，突然发现并非自己想象中的那么满意时，你有必要马上了解一下自己的现状，积极地行动起来去改变它。

学会利用好时间

时间是由那些最小的单位构成的，那一秒一秒的时间就是你生命的碎片，需要你不断地收集，最后才能形成一个完整的生命。如果不注意收集时间的碎片，那么，你就不会拥有完整的生命，你也就不会取得任何成功。

在美国费城的造币厂里有一间黄金加工室，每当要清理地板的时候，人们干的活儿就像"绣花儿"一般细致——收集黄金粉末，就是这样，这个加工室每年为国家省下了几万美元。每个成功人士也是这样，需要细致地收集"时间的碎末儿"，而寻常人对这些"时间的碎末儿"却是不屑一顾。有的人习惯于珍惜和利用零碎的几分钟、半小时、意外的空闲时间、两段时间之间的缝隙（比如说工作与吃饭之间），或者等待一个迟到的朋友的时间，这种人常常会取得骄人的成就，而那些不懂得珍惜时间的人，将一事无成。

"噢，离吃饭只有 10 分钟的时间了，现在没有时间做其他事了。"这是大多数人常说的一句话。但是，正是因为利用了这些令人不屑一顾的时间碎片，有很多勤奋的人就获得了成功。如果你能把那些浪费了的时间利用起来，也许就能获得成功。

人们如何利用时间，决定了时间的长短，在同样的时间里，有的人做的事多，有的人做的事少，这样，时间就有了长短的区别。但是，无论是总统、企业家，或是白领、乞丐，每个人的一天都只有 24 小时，这是上天对人类最公平的地方。虽然如此，却有人把一天的 24 小时变成 48 小时来用。这不是神话，而是事实，而且真有其人。

有这样一位成功人士，他每天早上 5 点起床，先做早操，然后吃早点、看报纸，接着开车去上班，车上听的不是路况报道，而是英语录音带，有时也听演讲录音带。由于出门的时间早，所以在路上不会堵车，到达办公室差不多 7 点半，他又用 7 点半到 9 点这段时间看完当天的报纸，并且做

尽责——了却君王天下事

了剪报，然后，准备一天上班所需的资料。中午，他在饭后小睡 30 分钟，下午继续工作，下班后，他会利用一个多小时看书，在 7 点左右回家，半小时就可回到家吃晚饭。在车上，他仍然听录音带或演讲录音带。吃过饭后，看一下晚报，和太太、小孩聊一聊，便进书房看书、做笔记，一直到 11 点上床睡觉。

他和别人不一样，因为他的一天有 48 小时，也就是说他一天做的事情，别人要两天才能做完。很显然，他的成就超过了他的同龄人。其实他也没什么法宝，他只是懂得珍惜和利用时间。而要让时间流逝是很容易的，发个呆，看看电视，打个电动玩具，一个晚上很容易就过去了。

如果天天如此，一年、两年很容易就过去了，你的成就和别人一比，就有了明显的差距。因此你也有必要把一天变成 48 小时，让你的每一分钟每一秒钟发挥最大的效益。这其实并不难，把你的时间做个规划并且认真地去执行就行了。即制定一份作息时间表，并严格按照作息时间生活。

学校上课都有功课表，其实这就是最基本的时间规划，你也可以参考这种方式，把你一天当中什么时间要做什么事列成一张表，并且每天按表作息。一开始你会很不习惯，所以你很可能会偷懒，如果你偷懒，那么你就失败了，所以你必须坚持，再透不过气也不可松懈。过一段时间后，"应付"成为习惯，然后你的时间就会"繁殖"，一天变成 36 小时、48 小时，甚至更多。此外，由于你的时间效益提高了，时间变长了，变多了。这时，你可把"作息"做个小调整，把多出来的零碎时间集中在一起，这样，就又有了一个完整的时间段，可以利用它来做其他事情。不管怎样，人都会遇到一些无法预料的事情，也就是计划时间外的事情，例如，塞车、等人、等车等，这种时间，有人用来背英语单词，有人用来读报看书，有人听录音，有人听广播，总之，不能让这段时间白白浪费掉。

凡是事业上有成就的人，都很重视对时间的利用。

如果你想创造成功的人生，事业上有所作为，你就必须趁年轻时培养自己利用时间，追求时间的效率，把 24 小时变成 48 小时的习惯。时间的延长，也意味着生命的延长，你等于比别人多活了一辈子，别人两辈子才能做完你一辈子所做的事情。

有些人把零散时间用在学习上时，其他一些人则满不在乎地把这些时间白白浪费掉了。这就好像一些商人，总是兢兢业业地积攒着每一笔收益，而其他人也许就不把几个零钱放在心上。如果一个年轻人说他忙，没有时间来学习，这肯定是个借口。查尔斯·弗罗斯特曾是一位很有名的鞋商，他坚持每天花一个小时来学习，后来他成了美国著名的数学家，而且在其他学科上也小有成就。

一个人的成功就是一点一滴积累起来的，是善于利用时间的结果。时间的"碎片"散落在我们生命的周围，有心人会拾起这些"碎片"，用这些"碎片"编织伟大的蓝图。所以，生存的智慧就在于从"时间的碎片"里创造生命的辉煌。

魔力悄悄话

时间，只有把它放在一端有着"生命"的天平上才可以衡量，才能真正懂得它的价值和意义。时间赋予生命展现的机会，生命回报时间绚丽的色彩，时间是否尊重生命，要看生命是否珍惜时间。

以信心为支点超越自我

信心是每次成功的第一步。并不是每个有信心的人最后都能取得成功，但是每一个成功者必然是最开始便树立了坚定信心的人。信心就是一种信念，是一种坚信自己最终能够取得成功的信念。拥有这样一种信念，即使路途再艰难，路上的障碍再多，也不会有丝毫的动摇和怀疑。只要坚信自己会取得胜利，即使到了最后一刻都会保持希望，不会放弃努力。这样，即使在面临绝境的时候，奇迹也会发生。

海伦说："信心主宰命运。"命运往往不在于上天怎么安排，而在于你是否有信心去改变上天的安排，而且还在于，当你的信心遭受打击，你的人生遭遇障碍的时候，你能否依然坚定如初，排除艰难，最终达到成功的峰顶。

美国通用电气公司前首席执行官杰克·韦尔奇有句名言："所有的管理都是围绕'自信'展开的。"也正是凭着这种自信，在担任通用电气公司首席执行官的 20 年中，韦尔奇表现出了非凡的领导才能。韦尔奇的自信，与他所受的家庭教育是分不开的。韦尔奇的母亲对儿子的关心主要就是体现在培养他的自信心上。

韦尔奇从小患有口吃症，说话口齿不清，因此经常闹笑话。韦尔奇的母亲千方百计地将儿子这个缺陷转变为一种激励。她常对韦尔奇说："这是因为你太聪明，没有任何一个人的舌头可以跟得上你这样聪明的脑袋。"于是从小到大，韦尔奇从来没有对自己的口吃有过丝毫的担忧和不愉快。因为他从心底相信母亲的话：他的大脑比别人的舌头转得快。在母亲的鼓励下，口吃的毛病并没有成为韦尔奇学业与事业发展道路上的障碍。反而注意到他这个弱点的人都对他产生了某种敬意，因为他竟能克服这个缺陷，在商界脱颖而出。

韦尔奇的个子不高，却酷爱体育运动。读小学的时候，他想报名参加校篮球队，当他把这想法告诉母亲时，母亲便鼓励他说："你想做什么就尽管去做好了，你一定会成功的!"于是，韦尔奇参加了篮球队。当时，他的个头几乎只有其他队员的3/4。然而，由于充满自信，韦尔奇对此始终都没有丝毫的觉察，以至几十年后，当他翻看自己青少年时代在运动队与其他队友的合影时，才惊奇地发现自己原来一直是整个球队中最为弱小的一个。

在培养儿子自信心的同时，母亲还告诉韦尔奇："人生是一次没有终点的奋斗历程，你要充满自信，但是没必要在意成与败。"正是这种从小培养出来的自信和不怕失败的信念，最终帮助韦尔奇成就了自己辉煌的人生。

确实，是自信最后成就了韦尔奇。有时候自信或许只是一种精神寄托，虽然它不能给你带来什么实际的利益，但是它能让你随时保持一种希望，不会轻易地选择放弃。自信是一种精神的力量，能够帮助你获得成功。

我国宋朝名将李卫的故事也说明了信心的重要。有一次，大将军李卫带领人马奔赴战场，却不料自己的军队势单力薄，寡不敌众，被困在了小山上。眼看着部队士气大减，即将要全军覆没，李卫站在大家的面前说："弟兄们，看样子我们的实力是不如人家了，可我却一直都相信天意，如果老天让我们赢，我们就一定能赢，所以我这里有9枚铜钱，向苍天祈求保佑我们突出重围。我把这9枚铜钱撒在地上，如果都是正面，一定是老天保佑我们，如果不全是正面的话，那肯定是老天告诉我们是冲不出去的，我们就投降。"

此时，士兵们全部都闭上了眼睛，跪在地上，祈求苍天的保佑，这时李卫摇晃着铜钱，一把撒向空中，落在了地上，开始士兵们不敢看，谁会相信9枚铜钱都是正面呢？可突然一声尖叫："快看，都是正面!"大家都睁开了眼睛往地上一看，果真都是正面。士兵们跳了起来，把李卫高高举起喊道："我们一定会赢，老天保佑我们了!"

李卫拾起铜钱说："那好，既然有苍天的保佑，我们还等什么，我们一定会冲出去的，各位，鼓起勇气，我们冲啊!"

就这样，一小队人马竟然奇迹般地战胜了强大的敌人，突出了重围。后来士兵们都庆幸地说："如果没有上天的保佑，我们就没有办法出来了!"

这时候李卫从口袋里掏出了那9枚铜钱，大家惊奇地发现这些铜钱的两面竟然都是正面。

其实并不存在什么上天的护佑，也不存在什么天意的注定，一切都源于一种相信自己的信念。正是这种信念能够带给你无限的精神力量，最终帮助你克服困难，达到成功。

魔力悄悄话

人生在遭遇困难的时候，环境是我们所无法改变的，我们唯一能改变的就是我们的心态和信念。其实相信自己就是一种信念和心态，不需要你付出什么，但是只要你拥有和坚持这种信念，它就能在关键时刻给予你意想不到的结果。

第三章 兴趣加责任就是成功

　　一生只做一件事需要付出比别人更多的热忱，而热忱之心源自于一个人的爱好和兴趣。

　　盲人种花存在许多困难是显而易见的，但盲人喜欢这个工作。正是因为对园艺的兴趣，使他拥有足够的热忱，从而克服了种种困难。由此可见，兴趣是成就事业的原动力。

　　由于志趣是兴趣与志向的统一，所以有学者将它称为志向兴趣。志向兴趣是指人对某一认知对象的专注已具有自觉和理性的成分，成为人的一种内在需要和个性特征的一种外在标志。

兴趣比天资更重要

在学习或科学研究中，一个人要想取得成功，是兴趣更重要，还是资质更重要？下面摘录的一篇短文明确地回答了这一问题。

曾获诺贝尔奖的华裔物理学家丁肇中常说："我肯定不会是天才。在12岁以前，我还没有上学呢！""小时候，对上学完全没兴趣，到学校看看，不喜欢就走掉了。去哪儿？到池塘游泳，四处玩去。"这是一段学习的空白期。那时，正处于抗战时期，丁肇中和其他孩童一样，生活在艰难的环境下。

一直到12岁，他才开始接受正规教育。他开始学习，因为大家都懂，他不懂不好意思。

他任教授的父母都是科学家，家里进进出出都是科学人才，再加上父母从小就把牛顿、爱因斯坦的故事介绍给小丁肇中知道。耳濡目染下，他对科学有着浓厚的兴趣。是兴趣，把他指引到国际科学的研究机构里头。

"其实，我父母也不管我的，他们让我自由发展，这和很多中国家长不同。现在，我不强迫孩子读书。可是我弟弟妹妹，全都望子成龙，担心孩子学不好，给孩子做好了一切计划。其实，孩子在学校考第一并不能代表什么，至少，我认识的科学家当中，都不是年年拿第一的好学生，我从来都没有考过第一名。"这位率直的科学家告诉记者，他只是对科学有兴趣。他每天从早上7时30分踏进试验室，到晚上11点走出试验室，没有圣诞节、没有星期天，365天天天如此，这都是源于他对物理科学的兴趣。

古今中外，有大量的事实证明，兴趣确实比天资更重要。英国著名生物学家、进化论创始人达尔文，对生物进化探求的一生也明确地说明了这一点。

达尔文幼时就对自然界表露出强烈的好奇。中学阶段，这种好奇心越发强烈，并发展为一种浓厚的兴趣。他喜欢对各种问题寻根究底，特别醉心于搜集各种动植物标本。中学毕业后，达尔文遵从父命在爱丁堡大学学习医学，因为没有兴趣而中断了学业。后转入剑桥大学学习神学，他却依然把时间和精力用在阅读自然科学书籍和野外采集标本方面。达尔文在《自传》中说："在剑桥的时候，没有一项工作比搜集甲壳虫使我更为热心、更感兴趣。"他终于离开了神学院的枯燥学习生活，登上"贝格尔"巡洋舰。这次环球航行，为他的生物进化理论的创立打下了坚实的基础。正是在这种对生物进化的浓厚兴趣的推动下，于1859年出版了让全世界为之震撼的《物种起源》一书，成为生物学史上一个伟大的转折点。

达尔文的经历告诉我们，兴趣是结出成功硕果的胚胎。难怪贝弗里奇在《科学创造的艺术》一书中曾写道："从事研究的人必须对科学真正的有兴趣，科学必须成为他生活的一部分，被他视为乐趣和爱好。"在这一方面，我们还应当牢牢记住以下几句名言。

知之者不如好之者。（孔子）

爱好是最好的老师。（爱因斯坦）

一切有成效的活动必须以某种兴趣为先决条件。（皮亚杰）

志向兴趣的出现意味着学生积极学习态度的最终形成，不仅直接影响学生在学校的学习生活，而且将会对学生的终身发展产生积极影响。古今中外，不少学者、科学家的巨大成就都是与其志趣分不开的。例如："数学皇后"的骄子、德国数学家高斯很早就形成了对数学的志趣。在教师指引下，他勤奋学习，刻苦演算，在11岁时，他发现了二项式定理；19岁时，又发明了用圆规和直尺作正十七边形的方法，解决了自欧氏几何学问世2000年来一直得不到解决的难题；22岁时，对代数学中的一个基本定理做了论证，又一次震动了欧洲学术界。他在数学的各个分支如数论、解析几何、代数函数论、微积分等方面都有重大贡献。以他的名字命名的公式、定理、方程式比比皆是。高斯之所以会有如此巨大的成就，他聪明绝伦固然是一个因素，但志趣的巨大作用也是不容置疑的。

从兴趣的广度，又可以把它区分为广阔兴趣与中心兴趣两种。前者是对各方面的事物或活动都感兴趣。如一位小学生不仅喜欢学习各门功课，同时也积极参加课外活动与校外活动，还爱好音乐、美术、阅读书籍等，这表明他具有广阔的兴趣。后者是对某一方面的事物或活动有极浓厚而稳定的兴趣。如一位学者在很长时间内只钻研某一门学问或从事某一领域的活动，这表明他具有中心的兴趣。很明显，广阔兴趣可以使学习者获得渊博的知识，为广博打下坚实的基础。中心兴趣可以使学习者获得精深的知识，为专精打下稳定的基础。

我国南北朝时期南朝科学家祖冲之的兴趣十分广泛，他对数学、天文、历法、哲学、文学和音乐等方面都有不同程度的爱好。但他的中心兴趣是数学和天文历法。正是在此两种兴趣相互促进的过程中，才使他不仅在天文、历法等方面做出了一定的贡献，而且还使他在数学上取得了卓越的成就，成为著名的数学家。

马克思之所以能在哲学、政治经济学、科学社会主义领域多方面都建立起思想史上的理论高峰，这全都是归功于他既有广阔兴趣，又有中心兴趣，以及此两者的紧密联系与相互促进。我们都知道，他除了专门的研究领域外，还涉及许多领域，包括物理、化学、数学、生物、历史、地理、宗教、语言、军事、文学艺术等几十门学科。正如拉法格在回忆马克思时所说的，我们几乎可以向他请教人类所有学科的知识。但马克思如此广博的知识，却并非为知识而学习和探索，而是服从一个崇高的目的，即创造一种革命理论，也就是后来举世皆知的马克思主义。

按照兴趣活动的这一规律，在学习中，学习者就应当既有广阔兴趣，又有中心兴趣。前面说过，广阔兴趣可以使人获得广博的知识、丰富精神生活，但是，光兴趣广阔，又会有如蜻蜓点水，浅尝辄止，得到的知识不够深刻；中心兴趣可以使人知识专精、思维深刻，但单靠中心兴趣，也可能会使学习者钻牛角尖，知识狭隘，不知变通。

魔力悄悄话

在学习中，学习者应当善于把广阔兴趣与中心兴趣这两种兴趣结合起来，发挥各自的优点、长处，避免各自的缺点、短处，使其相互促进，共同提高。

兴趣会带领你成功

1828 年，18 岁的伯纳德·帕里希离开了法国南部的家乡。按他自己的说法，那时候他"一本书也没有，只有天空和土地为伴，因为它们对谁都不会拒绝"。当时他只是一个不起眼的玻璃画师，然而，他内心却怀着满腔的艺术热情。

一次，他偶然看到了一只精美的意大利杯子，便完全被它迷住了，由此，他的生活被完全打乱了。从那时候起，他内心完全被另一种激情占据了——他决心要发现瓷釉的奥秘，看看瓷釉为什么能赋予杯子那样的光泽。此后，他不分昼夜地把自己的全部精力都投入到对瓷釉各种成分的研究中。他自己动手制造熔炉，但第一次以失败告终。后来，他又造了第二个。这一次虽然成功了，然而这只炉子既耗燃料，又耗时间，让他几乎耗尽了所有家财。最后因为买不起燃料，他无奈只能用普通火炉。失败对他来说已经是家常便饭，然而每次他在哪里失败就从哪里重新开始。

为了改进自己的发明，帕里希用自己的双手把砖头一块一块垒了起来，建了一个玻璃炉。到了决定试验成败的时候，他连续高温加热了 6 天。可是，出乎意料的是，瓷釉并没有熔化。但他当时已经一贫如洗了，只好通过向别人借贷买来陶罐和木材，并且想方设法找到了更好的助熔剂。准备就绪后，他又重新生火，然而，直到燃料耗光也没有任何结果。他跑到花园里，把篱笆上的木栅拆下来充当柴火，但仍然没有效果。然后是他的家具，也没有起作用。最后，他把餐具室的架子都一并砍碎扔进火里，奇迹终于发生了，熊熊的火焰终于把瓷釉熔化了。瓷釉的秘密也终于被他揭开了。在经历了无数次的失败之后，他烧出了色彩非常美丽的瓷釉。

事实再次向我们说明：当你对一项工作有着浓厚兴趣的时候，你就会因为这种兴趣的吸引而全身心地投入进去，而正是这种投入与忍耐、恒心，造就了一个又一个的伟大事业。

詹姆斯·纳斯美瑟少校梦想在高尔夫球技上能突飞猛进。为了达到目标，他发明了一种独特的方式。在此之前，他打球的水平和一般在周末才练的人差不多，水准在中下游之间，90 杆左右。之后他有 7 年时间几乎没碰过球杆、没踏上球场。

在这 7 年间，纳斯美瑟少校用令人惊叹的先进技术来增进他的球技，而这个技术人人都可以借鉴。事实上，在他复出后第一次踏上高尔夫球场时，他就打出了叫人惊奇的 74 杆。比自己以前打的平均杆数还低 20 杆，令人难以置信的是他已经有 7 年时间没有踏上过球场了。不只如此，他的身体状况也比 7 年前好。

纳斯美瑟少校的秘密是什么呢？就在于"心像"。因为少校这 7 年是在越南的战俘营里度过的。7 年间，他被关在一个只有 4 尺半高、5 尺长的笼子里。

绝大部分的时间他都被囚禁着，看不到任何人，不说话，也没有任何体能活动。前几个月他什么也没做，只祈求着赶快逃离这个牢笼。后来他了解到他必须要发现某种方式，使之占据心灵，不然他会发疯或死掉，于是他学习建立"心像"。

在他的心中，他选择了他最喜欢的高尔夫球，并开始打起高尔夫球。每天，他在自己营造的幻想中的高尔夫乡村俱乐部打 18 洞。他体验着一切，包括细节。他看见自己穿了高尔夫球装，闻到绿树的芬芳和草的香气。他体验了不同的天气状况——有风的春天、昏暗的冬天以及阳光普照的夏日早晨。在他的想象中，球台、草、树、啼叫的鸟、跳来跳去的松鼠、球场的地形都深深地印在了他的脑海。

他感觉自己的手握着球杆，练习各种推杆与挥杆的技巧。他看到球落在修整过的草坪上，跳了几下，然后滚到他所选择的特定点上，一切都发生在他的心中。

在现实世界中，他无处可去。所以在心中他步步向着小白球走去，好像他的身体真的在打高尔夫球一样。他心中打这 18 洞的时候，一个细节也不能省略。他一次也没有错过挥杆左曲球、右曲球和推杆的机会。

一周 7 天，一天 4 个小时。18 个洞，7 年，少了 20 杆。他打出 74 杆的成绩。

我们都知道，可口可乐只生产饮料，英特尔只生产处理器，IBM 只做电脑硬件，这些企业因为专注于自己的领域，所以成为世界一流的企业。相反，一些企业没有自己一定的行业方向，这也想做，那也想造，什么行业都想插一手，这种不专必然导致不精，试想，不专不精者，他们的事业可能持续很久吗？

聪明的人之所以从事一件事情，只做一件事，因为他们清楚地知道只有专注才能长久。专注是事业成功的必备条件。

一个企业或者一个人的竞争优势需要专注来提升。哈佛大学经济策略大师波特指出，未来经济的竞争将会非常激烈，要想在市场上保持自己的竞争优势，唯有做到与同行策略不同，产品与服务相异，拥有自己的独特魅力。这就要求企业管理者在企业的战略发展上，避开自己的不足，发挥自己的特长，提升自己专业生产方面的竞争优势。

专注可能弥补一个产品技术上的不足。台湾集成电路公司在放弃别的生产线，决定只做来料加工时，曾经遭到内部管理人员的抵制，但事实证明，这条路走对了。台湾集成电路公司在来料加工方面做到了最好，同行业中几乎无人能比，客户当然有理由选择它了。

专注能为人们带来成就和财富。诺基亚的成功就很好地说明了这一点。

早在1865年，诺基亚公司就成立了，它的基地在芬兰。当时，它还只是一个不起眼的小公司，谁也不会注意到它的。在公司成立后的100年中，诺基亚主要从事木材、橡胶业，直到20世纪60年代，诺基亚才开始涉足电子领域。1991年以前，诺基亚充其量是一个地区性公司，市场主要在芬兰和东欧国家。苏联解体之后，诺基亚的市场更是大幅度削减，一度陷入困境。1991年公司出现亏损，当时的股东甚至试图将诺基亚卖给瑞典的爱立信公司，可爱立信并不想要这个运转得不怎么样的公司。

然而，在接下来的6年时间里，诺基亚发生了翻天覆地的变化，1997年时成为全球最大的手机生产厂商，成为真正的跨国集团。诺基亚为什么能在如此短暂的时间里一跃成为世界级的跨国公司呢？是什么让它迅速崛起的呢？

商界人士研究发现，诺基亚成功的关键环节除了路线正确之外，最重要的一个因素就是专注。

专注，说起来容易，做起来却很困难。难就难在舍弃上，面对巨大的诱惑，有几个人能做到取舍自如呢？但诺基亚做到了。1992年，奥利拉担任诺基亚董事长。那时，诺基亚的产品线很长，除移动通信产品以外，还生产电视机、电脑、电线甚至胶鞋。奥利拉认为，一个公司的产品如果过于复杂的活，是不利于公司发展的。他这样告诉记者，如果你要在世界范围里站住脚，你就必须在你从事的领域内挤进前三名。只有这样，你才有可能取得盈利性增长。而一个企业不可能在每一个方面都领先，所以，你必须学会专注。

舍弃是专注最大的困难，特别是舍弃那些还能盈利的项目。而当要专注的项目还在投入期，甚至还在赔钱的时候，这个舍弃就更考验经营者的魄力。1991 年，诺基亚决定专注于移动通信领域的时候，这个领域并不赚钱，公司甚至考虑取消这个业务。但当公司决定以此为今后发展的方向后，为了专注这个眼前并不赚钱的主业，诺基亚先后卖掉了电线、电脑、电视机等所有不相干的产品，其中诺基亚的电视机当时已经做到欧洲第二的规模。这样的决策的确需要很强的魄力。

握起拳头、突破一点的战略，今天看来是成功的。诺基亚与这个行业的摩托罗拉、爱立信相比，实力并不占优势，而诺基亚能后来居上，短短6 年就在手机生产上超过两个竞争对手，很重要一点就是，诺基亚的战线相对较短，因为它做到了专注。

专注给商业经营带来利润，专注同样也是每一个学子在求学道路上必须坚持的一个原则。对于学生来讲，专注就是要专心、不走神。怎样才能做到专心不走神呢？教给学生朋友们一个好方法：五到，即眼到、耳到、口到、手到、心到。

魔力悄悄话

每个人都希望自己一生能有所成就，而专注正是有所成的必要条件。一个人的精力有限，只有当他全神贯注于某件事情时，他才会在这方面取得成功。从学业的角度来讲，专注者，获得的是知识。从商业的角度来讲，专注者，获得的是财富和市场。

做事需要毅力与恒心

希腊神话中，西西弗斯因为触犯了诸神，诸神罚他将巨石推到山顶，而由于巨石自身的重量，巨石总是会滚下去，西西弗斯不得不下山再次往上推。诸神觉得没有比这种机械重复无休无止的劳动更严厉的惩罚了。而西西弗斯则乐此不疲，用每一个坚实的脚印印证自己不懈的追寻与充实的人生。这个神话故事成了毅力与恒心的象征。

咬定青山不放松，任尔东南西北风。毅力与恒心是一种坚守，在诱惑面前，如磐石般坚强稳定，守住左顾右盼、游离不定的心思；毅力与恒心是忘情、专注，是一心一意全神贯注地追寻、探索，是锲而不舍孜孜不倦地探求；毅力与恒心是热情地投入，是一份深深的眷恋，毅力与恒心也是给予、付出，是全身心的追求。

在所有的成功者中，有没有毅力，有没有恒心，坚强不坚强，起着决定性的作用。而对失败者来说，缺乏毅力与恒心几乎是他们共同的弱点。毅力与恒心会帮助人克服恐惧、沮丧和冷漠；会不断地增加人们应对、解决各种困难问题的能力；会将偶然来的机会转变为成功；会帮助人实现他人实现不了的愿望……因此，古今中外的先人、哲人、伟人、名人，都对它作了高度地评价。

毅力与恒心是通往成功道路上的钥匙，谁都想拥有。但并不是所有的人都可以拥有。

心不专者不会有。唐人张文成在《游仙窟》中曰："心欲专，凿可穿。"可是有的人就是做不到这一点，他们不专一，目标太多，有无数个期望，又好高骛远，一个目标还没有达到，就想到了另一个，这山望着那山高，做什么都是三心二意，虽很努力，却是竹篮打水一场空，因为缺乏恒心与毅力，结果什么事情都办不了，什么事情都办不好。

不自信者不会有。这类人对自己缺乏信心，不相信自己的力量，事情还没有开始做，考虑的却是个人的得与失，失败了怎么办？如何向领导交代？往往是进一步，退两步，结果因为没有自信扩大了自己弱势，让弱势遮住了自己的强势，自己就显得毫无力量……这类人的失败，不是由于他人的原因，而是在于自己，这类人也就谈不到什么毅力不毅力的了。

办事不果断者不会有。这类人独立性差，没有主见，干工作缺乏方法，没有魄力，优柔寡断，前怕狼、后怕虎，总有说不清的顾虑，总是担心这个或那个，就是不担心成功。这类人还有一个毛病：容易接受他人的暗示和影响，因而经常改变自己的最初的想法，把事情搞得不伦不类。

不能自制者不会有。这类人不能很好地控制自己的欲望，随心所欲，想怎么干就怎么干，好冲动，不能顺从理性，不知道如何克制自己，因而一心本是属于可敬可赞的雄心壮志，常被那些烦琐的欲望所干扰，将事情搞得一败涂地。

不能忍受挫折者不会有。为什么有的人在失败之后能东山再起？就在于他能忍受得住挫折，忍受得住失败，忍受得住考验，忍受得住痛苦，坚持信念，还是坚定不移地前进，不停地拼搏、奋斗，因而能屡败屡战，终于取胜。所以法国拿破仑有一句话还是很有道理的："人生之光荣，不在永不失败，而在能屡败屡战。"

总之，毅力与恒心是一个人敢不敢自信、会不会专注、是不是果断、能不能自制和有没有忍受挫折的结晶。当然，毅力与恒心不等于是蛮干，它是从头到尾地将工作做好；不等于是固执，也不等于是顽固。顽固是消极的意志品质，它不实事求是，不考虑客观因素，不考虑完成任务的可能性，一意孤行，不听劝告，什么都是想当然，知错都不改，一抹黑地走下去；而毅力与恒心则是积极的意志品质，它是人们理智的选择，能及时地总结经验和吸取教训，从错误和失败中去寻找理性的行动，因而能将失败变为成功，能使小胜利变为大成功。

毅力与恒心不仅仅是生存的需要，更是心灵的需要。毕竟，人活着不能没有一个东西吸引你往前走，也不能没有为追赶上这个东西而付出奔跑。或许，我们奔跑了仍没能追上，但为了有所追求而执着，虽然很艰辛，却也是一种幸福。

毅力与恒心是一场漫长的分期分批的投资，而成功则是对这场投资的一次性回报。执着于自己所爱的事业，追求一份成功与收获，该是生命的价值与意义。而只有用毅力与恒心坚守执着才可能有所收获。

有这样一个故事，讲的是几个铁匠面对同一块铁时的不同做法。

第一位铁匠看到这块铁时，觉得太普通了，自己的才华和技巧无法在这一块普通的铁上得到发挥和提高。所以他并没有花太多时间和精力去打造它，而是将它制成了马掌。

就在第一位铁匠洋洋得意地看着自己的作品时，第二位铁匠来了，他以前是个磨刀匠，受过更好的训练，有一些更大的雄心和更高一些的眼光。他对第一位铁匠说："这就是你在那块铁里看到的一切吗？给我一块铁，我来告诉你，头脑、技艺和辛劳能把它变成什么。"他对这块粗铁的看法要更深层一些，他研究过很多锻造的工序，他有工具，有打磨抛光的轮子，有烧制的炉子。一会儿炼铁的炉子生起了火，铁被慢慢地熔化掉，碳化成钢。这个铁匠把那块钢取出来，经过冶炼，然后投入到冷水或石油中以增强韧度，最后耐心细致地进行打磨抛光。当这项工作一完成，他竟然制成了价值 2000 美元的刀片，这让第一个铁匠惊讶万分，因为前者只能做出价值仅 10 美元的马掌。经过提炼加工，这块铁的价值已被提高了几百倍。

这时，又来了第三位铁匠，他看了看第二位铁匠的出色成果后，说："如果你做不出更好的产品，那么能做成刀片也已经相当不错了。但是这块铁的价值你连一半都还没挖掘出来，我知道它还有更好的用途。我研究过铁，知道它里面藏着什么，知道能用它做出什么来。"第三位铁匠的技艺更精湛，眼光也比前两位更为独到。他受过更好的训练，有更高的理想和惊人的意志力，他能更深入地看到这块铁的分子，他用显微镜般精确的双眼把生铁变成了最精致的绣花针。制作肉眼看不见的针头需要比第二位铁匠有更精细的工序和更高超的技艺。第三位铁匠认为他的成果精彩绝伦。他的作品已比第二位铁匠产品的价值翻了数倍，他认为这块铁已经物尽其用了。

但是，第四位铁匠又来了，他是个技艺更高超的工匠，他的头脑更发达，手艺更精湛，更有耐心，更能吃苦耐劳，受过顶级训练，马掌、刀片、绣花针看都没看，他竟然制出了精细的钟表发条。别人只看到价值仅几千美元的刀片或绣花针时，他那双犀利的眼睛看到了价值 10 万美元的产品。

然而，这个故事还没有结束，第五位更出色的工匠出现了。他看了看前四位的作品，说这块生铁还没有物尽其用，而他所拥有的神奇力量能创造更大的奇迹。在他眼里，即使钟表发条也称不上上乘之作。他知道用这种生铁可以制成一种弹性物质，而一般粗通冶金学的人是无能为力的。他知道，如果锻铁时再细心些，它就不再坚硬锋利，而会变成一种特殊的金属，富含许多新的品质，似乎充满了生命力。这个目光敏锐，善于发现的人，看出钟表发条的每一道制作工序还可以改进；每一个加工步骤还能更完善；金属质地还可以精益求精，它的每一条纤维、每一个纹理都能做得更完善。于是，他采用了许多精加工和细致锻冶的工序，成功地把他的产品变成了几乎看不见的精细的游丝线圈。一番艰辛劳苦之后，他梦想成真了，把价值仅仅几美元的铁块变成了价值100万美元的产品，这比同样重量的黄金还要昂贵得多。

故事发展到这里似乎已经圆满，可是让人无法想到的是这时又出现了第六位工匠，他的工艺精妙得可算登峰造极，他的产品鲜为人知，他的技艺也从来没有被任何字典和百科全书的编纂者提及过。他拿来一块铁，精雕细刻之下所呈现出的东西使钟表发条和游丝线圈都黯然失色。他的工作完成之后，让人看到了牙医常用来勾出最细微牙神经的精致钩状物。一磅黄金大约值1.2万美元，而一磅这种柔细的带勾钢丝要比黄金贵重几百倍。

魔力悄悄话

一块铁经过日晒雨淋就会生锈，变得毫无价值。人的毅力和恒心也一样，如果不经常努力去完善它、考验它、增强它的韧性，它就会腐蚀掉。做一个普通的像马掌一样的铁块非常简单，但是要提高人生这个产品的价值就不是什么容易的事了。很多人都认为自己的天赋低劣，不如别人。但只要有毅力和恒心，就可以把自己这块粗笨的马掌经过千锤百炼变成精细的游丝。

放眼现在才能改变一切

伟大的心理学家威廉·詹姆斯说："以行动播种，收获的是习惯；以习惯播种，收获的是个性；以个性播种，收获的是命运。"既然如此，想要改变自己的命运和生活，你就要从最基本的行动做起，养成马上去做的良好习惯，从而改变个性，获得成功。

一个美国人到墨西哥旅游，有一天傍晚他漫步到一海滩，忽然看见远处有一个人在忙碌地做着什么。走近一看，原来有个印第安人在不停地拾起被潮水冲到沙滩上的鱼，一条条地用力地把它扔回大海去。

于是美国人奇怪地问这个印第安人："朋友，你在干什么呢？"

那人说："我在把这些鱼扔回海里。你看，现在正是退潮，海滩上这些鱼全是给潮水冲到岸上来的，很快这些鱼便会因为得不到氧气而死掉了！"

"我明白。不过这海滩有数不尽的鱼，你能把它们全部送回大海吗？你可知道你所做的作用不大啊！"

那位印第安人微笑着，继续拾起另一条鱼，一边拾，一边说："但起码我改变了这条鱼的命运啊！"

美国人恍然大悟，低着头若有所思。的确，虽然有很多美好的事情我们不能去实现。但是如果把握现在，却能改变眼前的一切！

向前看，时间好像漫长无边。但回首，才知生命如此短暂。过去不能重新找回，将来还一直遥遥无期，唯一能把握、能利用的，也只有现在了。这是我们必须明白的人生道理。

一位考古学家在古希腊的废墟里发现了一尊双面神像。由于从来没有见过这种神像，考古学家忍不住问它："你是什么神？为什么会有两副面孔？"

神像回答说："人们都叫我双面神，我一面回望过去，吸取教训；一面展望未来，充满憧憬。"

考古学家再次问道："那么现在呢？"

"现在"，神像一愣，"我只看着过去和未来，我哪管得了现在啊！"

考古学家说道："过去已经远去了，未来还没有到来。我们能把握的只有现在啊！你对过去总结得再好，对未来的构想无论多么美好，如果不能把握现在，那又有什么意义呢？"

神像听了，恍然大悟："你说得对。我只回忆过去和关注未来，而从来没想过现在，所以才会被人们抛弃在废墟里啊！"

每个人都希望梦想成真，成功却似乎远在天边遥不可及，倦怠和不自信让我们怀疑自己的能力。其实，我们不用想以后的事，只要把握现在，开始行动，成功的喜悦就会慢慢渗透到我们的生命中去。

霍勒斯·格里利说过："做事的方法就是马上开始。过去的已成历史，未来还遥不可及，我们能把握的只有现在。"什么事情一旦拖延，就总是会拖延，而你一旦开始行动，事情就有了转机。凡事及时行动你就成功了一半。

把握现在不是一件难事，我们只是需要明确、果断、有信心。拿一张纸写上"从现在开始行动"贴在你的书桌前、床头、镜子前，贴满你的房间，你一看到它就会有行动力。只要从早上睁开眼睛那一刻开始，你就马上行动起来。渐渐地，你就会发现，你整个人充满了热情和动力，这样坚持下去，"现在"就牢牢把握在你手里了。

魔力悄悄话

著名作家茅盾说过："过去的，让它过去，永远不要回顾；未来的，等来了时再说，不要空想；我们只抓住了现在，用我们现在的理解，做我们所应该做的。"如果你想要人生没有遗憾，成就你的辉煌人生，那就从现在起，朝着你的目标，开始行动吧！

坚持就是胜利

　　生活的意义，并不在于你是否在经受挫折和磨炼，也不在于要经受多少挫折和磨炼，而是在于坚持不懈。经受挫折和磨炼是射击，瞄准成功的机会也是射击，但是只有经历了 99 颗子弹的铺垫，才会有一枪击中靶心的结果。

　　如果你想获得成功，那么就一定要坚持到底。人生唯一的失败，就是当你选择放弃的时候。因此，当你处于困境的时候，你应该继续坚持下去，总有一天成功的大门将为你敞开。

　　美国华盛顿山的一块岩石上，有一个标牌，告诉后来的登山者，那里曾经是一个女登山者躺下死去的地方。她当时正在找寻的庇护所"登山小屋"距离她只有 100 米而已，如果她能多撑 100 米，她就能活下去。

　　这个事例提醒人们，倒下之前再撑一会儿。胜利者，往往是能比别人多坚持一分钟的人。即使精力已耗尽，人们仍然有潜在的一点点精力，用到那一点点精力的人就是最后的成功者。

　　往往再多一点努力和坚持，便能收获到意想不到的成功。以前做出的种种努力，付出的艰辛便不会白费。令人感到遗憾和悲哀的是，面对一而再、再而三的失败，多数人选择了放弃，没有再给自己一次走向成功的机会。

　　大家都知道电话是贝尔发明的。其实发明电话的大量工作都是爱迪生等科学家完成的，贝尔所做的仅仅只是将电话中的一个螺母转动了 1/4 周。为此他们打了一场官司。法院最后将电话的发明权判给了贝尔。法官说：虽然爱迪生等科学家做了大量工作，但他们认为电话不能实用，而最终放弃了。可贝尔没有放弃，他将螺母转动了 1/4 周，改变了电流幅度，以至于让电话有了实际用途，所以电话的发明权应该属于贝尔。爱迪生等科学家的失败距离成功缺少了多大一部分呢？仅仅只是将一个螺母转 1/4 周。

　　美国第 16 任总统林肯曾说过：我成功过，我失败过，但我从未放弃过。

在成功的道路上，永远没有失败，只有暂时停止成功或者将要成功。所以无论何时，我们都应该信心百倍地去全力争取人生的幸福和成功，并永远激励自己：我离成功只有 100 米，只要再多坚持一分钟！所以，要经常对自己说，要坚持每天学一点东西，坚持每天快乐一点点，坚持每天进步一点点……

桑德斯上校是肯德基连锁店的创办人，他在 65 岁高龄的时候才开始从事这个事业。

桑德斯上校并不是生于富豪家，他也没念过像哈佛这样著名的学校，年轻时，甚至都没有接触过饭店这个行业。他当初走进这个行业完全是出于无奈之下的选择。桑德斯上校 65 岁时拿到了他生平第一张救济金支票，这张支票上的总额只有 105 美元。当时，桑德斯上校除了这张支票外，身无分文，他内心极度沮丧。但是，他并没有责怪这个社会，也没有写信给美国国会去骂这个国家的制度，只是心平气和地自问这句话："到底我能对人们做出什么样的贡献呢？我有什么可以得到社会的回馈的呢？"

随后，他便思考起自己的所有，试图找出可为之处。第一个浮上他心头的答案是："很好，我拥有一份人人都会喜欢的炸鸡秘方，不知道餐馆要不要？我这么做是否划算？"随即他又想到："要是我不仅卖这份炸鸡秘方，同时还教他们怎样才能炸得好，这会怎么样呢？如果餐馆的生意因此而提升的话，那又该如何呢？如果上门的顾客增加，且指名要点用炸鸡，或许餐馆会让我从其中抽成也说不定。"

想点子并不难，想好点子也不难。关键是想好了之后会不会付诸行动。桑德斯上校就跟大多数人不一样，他不但会想，而且还知道怎样付诸行动。接着他便开始挨家挨户地敲门，把想法告诉每家餐馆："我有一份上好的炸鸡秘方，如果你能采用，相信生意一定能够得到提升，而我希望能从增加的营业额里抽成。"令桑德斯上校感到难堪的是，人们都不信任他，他们甚至当着他的面嘲笑他："得了罢，老家伙，若是有这么好的秘方，你干吗还穿着这么可笑的白色服装？"

嘲笑并没有让桑德斯上校打退堂鼓。因为他有着别人没有的一样品质：坚持自己的信念不轻言放弃。正是这种坚持不放弃的个性，使得桑德斯上校在经历失败之后，仍然继续拿出实际行动来完成自己的设想和计划。

　　一连整整两年的时间，桑德斯上校驾着自己那辆又旧又破的老爷车，足迹遍及美国每一个角落。困了就和衣睡在后座，醒来逢人便诉说他那些点子。他为人示范所炸的鸡肉，经常就是果腹的餐点，往往匆匆地便解决了一顿。

　　在历经1009次的拒绝，整整两年的奔波之后，有多少人还能够锲而不舍地继续下去呢？真是少之又少了，也难怪世上只有一位桑德斯上校。一般的人连20次的拒绝都难以忍受，更别提经历100次或1000次地拒绝了。但桑德斯上校经受了，他没有后退，所以他最后也成功了。今天，他的肯德基连锁店遍布全球，他用事实向全球人民表明了自己所取得的辉煌。

　　还有什么比事实更具有说服力呢？咬定青山不放松，坚持到底不放弃，成功终有一天会来临。

　　仔细分析历史上那些成大功、立大业的人物，就会发现他们都有一个共同的特点：不轻易为"拒绝"所打败，不轻易退缩，不达成他们的理想、目标、心愿就绝不罢休。再来看一个例子：

　　英国作家威廉在成名之前，曾经窘迫到连一双袜子都买不起。他的妻子终于不堪忍受这种环境而离开了他。有一段时间，他几乎快要绝望了。投出去的三部小说已经快半年了，每次写信询问，出版商老要他等消息。没有钱买食物了，他只好去山上采摘野果用以充饥。

　　这天，散步回来的威廉收到一封出版社的来信，威廉高兴了一阵，他还以为是出版社要出版他的小说了呢。结果拆开一看，既不是出版通知，也不是退稿信，而是一封道歉信。信上说，出版社不小心把他的小说原稿弄丢了，特此致歉。威廉看到这几乎要疯了，因为他根本没有留底稿，为了尽快出版，他一写完就把原稿寄出去了。那一刻，他瘫软在地，觉得整个世界都完了。命运对他太残忍了。

　　这时，有朋友劝他放弃写作，并为他找了一份工作。但威廉拒绝了，他说："只要我还活着，我就不会放弃！任何人都不可以叫我放弃！"威廉向朋友借了一笔钱，又开始了艰苦的创作。

　　功夫不负有心人。终于有一天，在他50岁的那一年，曾经将他的原稿丢失的出版社来信告诉他，他的小说找到了，并愿意以50 000美金的价格买下它的版权，还承诺，以后威廉的任何一部作品他们都愿意出版。

　　这正是威廉所想要的结果，为了这一天，他一等就是30年。但他成功了，他用自己不放弃的精神为自己赢得了应有的一切，赢得了辉煌的成功。

辉煌的成就是每个人都想拥有的，然而达到这个顶点的人少之又少，这并不是上天不公，机会永远是平等的，只是成功喜欢光顾那些对事业拥有专注精神的人。这种人可以为了事业奋斗一生，为了事业倾尽所有，他们专一而又专心，单纯而又执着，对自己要做的事情，要走的路一清二楚，他们总是紧紧盯住一个目标执着地追求。这样的人，古今中外都有。他们聪明而智慧。他们清楚地知道，社会环境决定人们的生存状态和质量，在一个社会分工越来越精细、社会生产力水平越来越高的大环境下，真正属于自己的东西实在太少了，人们所能做的只能是选择属于自己的"那一小点"，所以，他们选择了一生只做一件事，一件真正属于自己能做的和喜欢做的事。

要成就大事，必须要学会选择、学会剔除、学会简化生活。学会选择，就是要选择好一生中为之奋斗的大目标、大事业；学会剔除，就是要剔除生活中并不重要的东西，专心致志地做某一项重要的事情；学会简化生活，就是要把人生中有限的时间、精力、智慧、才华放在最重要的事情上，让自己能够在生活的某个方面取得最大的成就。

专一成就辉煌。成功者之所以成功，不朽者之所以不朽，伟大者之所以伟大，关键就在于他们能把自己一生的精力都汇集投入到某一个方面，在某一个领域里专一专注，执着进取。数学大师陈景润一生中只喜爱数学，他在数学领域深入钻研，一生只做一件事；20世纪初飞机的发明者莱特兄弟，倾注所有的精力和时间，专注于自己的飞行实验，只为有朝一日飞机能够离开地面，他们一辈子忙得没功夫结婚，一生只为了一件事；荷兰人万·列文虎克是个默默无闻的看门人，他从来没有进过学校，从来没有接受过知识，但是他坚持着一件事情，一生的时间只用来磨镜子，磨了60多年，风雨不停，邻居们以为他神经有问题，谁知科技界竟用他磨出的复合镜片发现了当时世界上还没有发现的微生世界，最终这个被人称为"憨子"的人被破格授予巴黎科学院院士，成为不朽的科学家；曹雪芹一生命运多舛，家业被抄，父亲被撤职查办，他饱经打击和困苦，最艰难的日子里衣不蔽体，食不果腹，在这样的条件下，他坚持写作，终其一生，写成了世界名著《红楼梦》。

2004年12月，93岁的陈省身，世界级的数学大师、微分几何之父，离开了人世，永远停止了计算。他的数学被公认为至美、至纯，他的一生被公认为至简、至定。一生只做一件事，一生只会做一件事，这就是数学大师陈省身，他认定数学，并为其倾注一生，终于踏入数学的神圣殿堂，成为数学王国里功不可没的功臣。

从20多岁进数学之门直到93岁去世，陈省身先生说自己的脑袋一直为数学运算了70多年。他在数学的王国里构建了瑰丽的大厦。正如他自己所说，自己一生只会做一件事，就是数学。天下美妙的事件不多，数学就是其中之一。陈省身对于数学是专一的，因为专一，所以成就了这位数学大师一生的辉煌。陈省身对于数学具有天然的热爱，读中学时对于理化充满恐惧，每考数学则"必是王牌"的他似乎正是为数学而生的。他只上过一天小学。8岁那年，陈省身才去浙江秀水县城（今嘉兴市）里的县立小学上学。那天下午放学时，不知什么缘故，老师用戒尺挨个打学生的手心。陈省身虽然因为老实没有挨打，可这件事却对他刺激太大，从此他就再也不肯迈进小学校门一步。第二年他考入中学，4年中学之后，于15岁考入南开大学理学院本科。

在大学里，陈省身先生做出了他一生中最重要的选择，那就是主修数学。学业结束后，19岁的陈省身以优异的成绩考入清华大学读硕士。因为清华没有开微分几何的课程，所以，陈省身在清华期间并没有真正开始接触这门课，但是，他从别处了解到微分几何学，并对微分几何充满了向往和期待。他曾这样形容自己对当时在清华的心情："那时候的心情，是远望着一座美丽的高山，还不知该如何攀登。"后来，一次偶然的机会，陈省身听到德国汉堡大学数学家布拉施克的"微分几何的拓扑问题"，于是他决定去汉堡读书。当时的学生如果留学的话一般会选择美国，但陈省身认为，读数学必须去德国。这是他又一次主动的选择。在他的坚持和前辈的帮助下，最后终于如愿以偿。

汉堡大学使他有幸接触了布拉施克、凯勒、嘉当等世界级大数学家的思想和学术。汉堡大学开设嘉当－凯勒定理讨论班时，一开始几乎所有的人都来了，但因为艰涩难懂，最后只剩下陈省身一个人，就在那时他体会到了嘉当的魅力。

回国之后，陈省身在一篇文章里写了一个故事：有一次他和夫人去参观罗汉塔，看着看着突然发出一句感慨："无论数学做得怎样好，顶多是做个罗汉。菩萨大家都知道他的名字，罗汉谁也不知道那个是哪个人。所以不要把名利看得太重。"他认为数学的菩萨是黎曼和彭加勒。黎曼不断地开拓了数学的空间，彭加勒把数学的平面和空间推广到了 N 维，因为有了这两位，其他人的工作只能是"罗汉"。

陈省身说自己做学问从来不赶时髦，不抢热门，他从来都不追求名和利。"我读数学没有什么雄心，我只是想懂得数学，如果一个人的目的是名利，数学不是一条好的道路。"陈省身说过，数学有很多简单而困难的问题。这些问题使人废寝忘食，很长时间都得不到解决，一旦发现了答案，其快乐是不可形容的。"这是一片安静的天地，没有大奖，也是一个平等的世界。"陈省身先生终其一生奋斗于数学王国，取得了辉煌的成就，同时，也用自己的一生诠释了专一成就辉煌这一成功学理论。

魔力悄悄话

现实生活中，诱惑无处不在，使人眼花缭乱，过去常说世上有三百六十行，现在说有三万六千行也不过分，每一行都充满了诱惑，只要稍微付出，便会有好处随之而来。意志薄弱，目标短浅的人，往往会沉溺于这些小小的好处，安于现状。但是真正的有智有志者，绝对不会将这些好处当做自己一生的追求。

按照自己的兴趣去闯

一个人只有选择了真正感兴趣的事，才会充分调动自己所有的潜能，精力充沛、精神愉悦地去工作，不会无精打采、垂头丧气。但是，现在的很多人都没有考虑到这一点，他们往往喜欢做其他人看起来很体面的工作，却从不曾考虑自己是不是能够从中得到快乐。

摩尔的父亲开了一个饭店，他把儿子叫到店中工作，希望他将来能接管这个饭店。但摩尔却很不喜欢饭店的工作，所以懒懒散散，总提不起精神，每天他只做些不得不做的工作，有时候，他干脆直接跑掉了。他父亲十分伤心，决定不再管他的事。

有一天，摩尔告诉父亲，他希望做机械工作——到一家机械厂做学徒。他的父亲十分惊讶。不过，摩尔还是坚持自己的意见。他穿上油腻的粗布工作服，从事比饭店更为辛苦的机械工作，工作时间更长，有时还要忍受老板的责骂。但他却在工作中体会到了以前从来没有体会到的快乐。他选修工程学，研究引擎、机械装置。后来他拥有了自己的汽车制造厂，成了一个很有作为的人。

如果摩尔当年留在饭店不走，他还会有以后的成就吗？所以，如果你认为自己在某种事业上缺乏足够的兴趣，那么还是选择放弃这种工作为好。

根据你自己的志趣选择事业，你就不会觉得无聊。但是，在工作的过程中，有人常常容易受到外界的诱惑，顺从于自己的欲望，便把全部精力放到毫无意义的事情上去了。像这样的人，成功怎么会降临到他的头上呢？

世界上的每一个人，都有自己的兴趣和能力，所以，每个人都应该找一种适合自己的事业来做。但是我们看到的却常常是没有丝毫艺术修养的人偏要去做一个画家，有些看见数学就头痛的人偏要去经商。而许多本来可以成为工程师和艺术家的天才，一生都被束缚在了百货商店的柜台里。

要选择适合自己的行业。"我选择哪一种行业比较合适呢?"这是任何人早晚都会遇到的问题,如果一个人找不到他真正感兴趣的事业,那么他的生活一定十分无聊。反之,当你找到最适合自己的事业时,你就会明显地感觉到,做起事来精力充沛,斗志昂扬,信心十足,就不会再怀疑自己是否选对了事业。

从众多的事业中选择一个适合和喜欢的工作,我们才能从工作过程中学到自己想要的知识,这就像我们从许多图书中选出一些有益的读物一样,只有我们喜欢这样的读物,我们才能真正地看下去,并从中学到对自己有用的知识。

靠自己成功,就去选择一个你最喜欢的事业,因为只有在我们真正喜欢的事业当中我们才能有所收获,才能竭尽全力去把事情做得尽善尽美,我们自身的价值才会在自己的愉悦和外在价值的创造中达到和谐的统一。

林肯说:所谓聪明的人,就在于他知道什么是选择。这句话说出了人生最朴素、最简单,也是最重要的哲理。

人的一生,只有一件事不能选择——就是自己的出身,其他一切命运,都是自己选择的结果。有人说,人的一生就是一个选择的过程。因为每个人无论是对生活、爱情与婚姻、友谊,还是对职业、工作、事业等,都有着自己的想法和选择,当他们为了实现心中所想而采取行动的时候,无论是成功了还是失败了,都是一种选择。

在这个很精彩也很复杂的世界里,强者还是弱者,成功者还是失败者,大人物还是小人物,他们之间最重要的区别就是对人生之路作出如何的选择。

前者选择了一条布满荆棘、充满风险,但却能使人生放射华光的道路,而后者则选择了一条平坦,但却是平庸之路。

比尔·盖茨在谈到他的成功经验之时说,我的成功在于我的选择。如果说有什么秘密的话,那么还是两个字——"选择"。

如果你不甘于平庸,如果你想在芸芸众生之中脱颖而出,如果你想实现自己的人生价值和生活梦想,那么请记住决定你一生的两个字:选择!

事实上,在时光流逝的日子中,我们汲取了进入我们生活的好的或坏的、幸福的或痛苦的、成功的或失败的所有因素,这包括了人生经历的各个方面,不管是事业、婚姻、健康还是财富,因为这都源于我们自己作出的选择。正因为有了新的选择,才可以真正地释怀,才可以更加坦然地面对人生。

莎士比亚说："我们知道我们现在是什么样的人，但不知道我们可能成为什么样的人。"所以，做出一个适合自己的选择并不容易，错误的选择会给自己带来刻骨铭心的伤痛，正确的选择会让自己少走弯路或是如鱼得水或是平步青云。也许一个选择就能影响你的一生。所以做一个适合自己的、正确的选择就必须要经过深思熟虑，要经过研究分析。我们不能保证对选择的结果满意，但我们必须确保选择方向的正确。有一句西方格言这样说过："对于清楚自己要到哪里去的人，世界会让出一条路来，任由他（她）去。"

选择就是我们人生环节的认定，我们的工作环境、生活质量、情感爱人都需要选择。有人选择了幸福，有人选择了痛苦。有人选择了成功，有人选择了失败。每一个选择的过程都会充满矛盾、取舍甚至遗憾。没有选择的勇气就没有人生的定位和生活的目标。选择你想要的，选择之前深思熟虑，选择之后永不后悔。

成功靠自己，把握住人生的每一次选择，就会少走很多弯路。

魔力悄悄话

在人生中面临选择的瞬间，我们要坚决果断地去选择，奋力打拼、孜孜以求，才能看到美好而辉煌的未来。人生的征程中若是哪一个环节走错了，整个人生的轨迹就会大不相同。

成就与专心程度成正比

比尔是个成功的演说家和作家，喜欢在闲暇时间观察鸟类。几年前，比尔买了一幢新房子，附近一片欣欣向荣。入住后的第一个周末，他就在后院里装了个喂鸟器。就在当天的黄昏时刻，一群松鼠弄倒了喂鸟器，吃掉里面的食物，把小鸟吓得四散而逃。在接下来的两周里，比尔绞尽脑汁想出各种办法让松鼠远离喂鸟器，就差没有使用暴力了，但没有起到丝毫的作用。

在无计可施的情况下，他来到当地一家五金店。在那儿他找到了一种与众不同的喂鸟器，带有铁丝网，还有个让人心动的名字，叫"防松鼠喂鸟器"。这回可保万无一失，他买下它并安装在后院里。但天黑以前，松鼠又大摇大摆地光顾了"防松鼠喂鸟器"，照样把鸟儿吓跑了。

这回比尔又一次失败了。他拆下喂鸟器，回到五金店，非常气愤地要求退货。五金店的经理回答说："别着急，我会给你退货的，不过你要理解：这个世上可没有什么真正的'防松鼠喂鸟器'。"比尔惊奇地问："你想告诉我，我们可以把人送到太空基地，可以在几秒钟之内把信息传到全球任何一个地方，但我们最尖端的科学家和工程师都不能设计和制造出一个真正有效的喂鸟器，把那种脑子只有豌豆大的啮齿类小动物阻挡在外？你是想告诉我这个吗？"

"是啊，"经理说，"不过没花你那么长时间。"比尔好奇心更盛，请他说得仔细些。店铺经理说："先生，要解释，我得问你两个问题：首先，你平均每天花多少时间让松鼠远离你的喂鸟器？"比尔想了一下，回答说："我不清楚，大概每天 10 到 15 分钟吧。"

"和我猜的差不多，"那位经理说，"现在，请回答我第二个问题："你猜那些松鼠每天花多少时间来试图闯入你的喂鸟器呢？"

比尔马上明白了：在松鼠醒着的每时每刻。

回去后，比尔特意查了一下资料，大吃一惊。原来松鼠不睡觉的时候，有**98%**的时间都在用于寻找食物。

在专一的用心面前，智慧的大脑和强壮的体格又能有什么作用呢？其实，专心的程度是和收获是成正比的。

在一条臭水沟旁，有一个人低着头坐在那里，很长时间都没有离开。为什么他要这么长时间地坐在臭水沟旁呢？

过往行人觉得很奇怪。后来有人跑近一看，原来是画家门采尔在画画呢！门采尔是一个非常勤奋的人，他总是随身带着铅笔和画纸，遇到他觉得有意思的东西，就立刻把它画下来。刚刚他跨过水沟时，不小心弄脏了鞋子，便坐下来专心致志地画他满是污泥的鞋子。

门采尔无论在何时何地都手不离画笔，所以有人对他开玩笑说："你大概是患了绘画狂热症吧？"门采尔兴奋而诙谐地答道："我希望我的这个病永远都治不好。"

从门采尔的故事我们可以得出一个道理：成就与你专心的程度往往是成正比的。干任何一件事，如果不达到痴迷的程度，也就不会取得大的成就。门采尔的"狂热症"，是他成功的动力。他之所以能取得巨大成就，与他的这种专心的态度是分不开的。

有一天，一位老朋友去看望作家巴尔扎克。一进门，巴尔扎克突然迎面向他走来，大声叫嚷着说："你，你使这个不幸的少女自杀了！"那位朋友觉得莫名其妙，吓得后退了几步。巴尔扎克睁开眼睛看了几秒钟后才笑了笑说："对不起，老朋友！"原来，巴尔扎克正在构思著名小说《欧也妮·葛朗台》。他所说的少女，就是这部小说中的欧也妮。

据研究巴尔扎克的学者介绍，这位大名鼎鼎的作家在创作过程中总是这样全神贯注。巴尔扎克也常用"聚焦"来形容他的思维方式，他说："目标确定之后，就要把自己的注意力集中在一个关键性的突破点上，就好像凸透镜一般，将阳光集中于一点，才能形成突破性的思维力。"

巴尔扎克的"聚焦"思维确实是一种值得借鉴的经验。精力分散，思维力度肯定不够，这就不能使你在思考的问题上有所突破。只要你具有专心的态度，全力以赴用心去做，才能实现人生的改变。反之，思前想后，因顾虑太多从而分心就很难把一件事情做好。

心理学上有一种"瓦伦达心态"。瓦伦达是美国一个著名的高空走钢丝表演者，他几十年的高空走钢丝表演令千百万人紧张激动。他走丝的足迹几乎遍及了各种人群聚集的场合。他曾说过，对他而言，生命就是走钢丝，这是他的天性。

但是在一次重大的表演中，他却不幸失足身亡。他的妻子事后说："我知道这次一定要出事，因为他上场前总是不停地说，这次太重要了，不能失败，绝不能失败。而以前每次成功的表演，他只想着走钢丝这件事本身，而不去管这件事可能带来的一切后果。"后来，人们就把专心致志做事情本身而不去管这件事的意义、不患得患失的心态，叫作"瓦伦达心态"。

美国斯坦福大学的一项研究也表明，人大脑里的某一图像会像实际情况那样刺激人的神经系统。比如当一个高尔夫球手击球前一再告诉自己"不要把球打进水里"时，他的大脑里往往就会出现"球掉进水里"的情景，而结果往往是球掉进水里。

魔力悄悄话

只有专心，才会把事情做好；一旦分散精力，越担心的事就越容易发生。所以，当你做某一件事时，一定要全身心投入才行，因为成就与你专心的程度往往是成正比的。

坚持走好自己的路

任何人的命运都掌握在自己的手中。你要成为一个什么样的人，取决于你走什么样的路。坚持自己的主见，勇敢地肯定自己、表现自己，这样我们才能开创一片自己的天空，成就一番辉煌的事业。

伊丽莎白出生在英国的布里斯托尔，11 岁时跟着父母移居美国。伊丽莎白喜欢读书，所以她大多数时间都是与书为伴的。当别人说她应该像一般的女子那样绣绣花或缝补一些东西时，她回答："我喜欢按自己的方式生活。"

后来到了费城后，她去找杰斐逊医学院的爱尔德医生说她想成为一名医生。这位医生却对她说："小姐，要成为一个女医生，就像领导一场革命一样困难，你缺乏这种气质。"伊丽莎白不服气地回答说："我不这样认为，就让实践来证明吧！"

当伊丽莎白在解剖学校以优异的成绩毕业后，就迫不及待地希望进医学院。但是，没有医学院肯收她，就连赫赫有名的医学博士瓦林顿也说："男为医生，女为护士，这是天经地义的事。女性不可能成为医生。"于是，有人建议她扮男装去巴黎求学。在命运转折的紧要关头，伊丽莎白依然坚持着自己的选择，她斩钉截铁地说："不！我不要伪装，我要以女人的身份进学校，否则女人一辈子也翻不了身。"

当时在美国，如果患者的病情恶化甚至死亡，人们就把它归罪于医生是个女人。甚至有人扬言要砸烂医院，杀死女医生。即使病人痊愈，人们仍要问："男医生不是会治得更好吗？"伊丽莎白也因此遇到了极大的困难，首先遇到了房东的反对。虽然房东身为女人，但她绝不相信女人可以当医生，她说："不管怎样，你不能在我的房门上挂牌，就连《圣经》上也说女人只能看孩子、做饭、洗衣服，不是吗？"伊丽莎白听到房东居然用《圣经》上的话来试图说服她，她也毫不畏惧地说："我敢来这里就是为了证明：男人能做到的，咱们女人也能做到！"

经过种种困难与磨难，伊丽莎白以她的实际行动教育了无知的人们，以事实纠正了社会偏见。在她的努力下，美国第一所护士学校和纽约妇幼医院终于诞生了。

很多时候，我们习惯于被别人的看法、言语所左右。或是因为某些"专家"这么说，或是因为流行就盲目地跟随。却从来没有想过自己是正确的。其实，生命的价值取决于我们自身。或许你周围的亲人、朋友或其他人，有时会不赞成你的某些行为，但这丝毫影响不了你的价值。不论在何种情况下，你总会引起某些人的不满，但这就是现实生活，如果你轻易否定自己，为了别人的标准而改变自己，那么你就会丢失你自己。所以请你不要去介意别人的流言蜚语，不必担心自我思维的偏差，要用敏锐的目光去审视这个世界，用心去聆听、抚摸这个丰富绚烂的人生，活出一个真实的自我。

魔力悄悄话

不论做什么事，相信自己，不要让别人的话语把你击倒，因为别人的看法和态度永远都不能代表你，也否定不了你。在你眼前的或许是康庄大道，或许是万丈深渊，但只要我们相信自己，就能够主宰自己的命运。我们应该相信，不管眼前翻卷起何种乌云，何种浊浪，更美好的前景正在前方等着我们。

第四章
尽责需抛却一切借口

在社会生活中，我们都会有理想，都希望能够改变自己的生活，但是真正为这个理想去实践去做的人实在是太少了。

我们把问题看得太严重，把困难想象得太大，因而在没有做之前，就自己把自己否定了。

机会对每个人来说都是公平的，但它更青睐于全力以赴做好准备的人。

其实，只要去做，虽然会有很多困难，但是，解决困难的办法同时也很多，而且天无绝人之路，在做的过程中，你总是会找到办法的。

行动让想法更有价值

比尔·盖茨曾指出，虽然行动不一定能带来令人满意的结果，但不采取行动就绝无满意的结果可得。

因此，如果你有一个梦想，要实现它，必须先从行动开始。

沃克臂力过人，反应也特别灵敏。他原本是一个农夫，以养牛维持生计。26 岁那年对射箭产生了兴趣，一有空就到野外去猎获飞禽走兽。就这样日子过得久了，射箭也成为他最大的业余爱好，弓箭成为他最好的朋友。

对于沃克来说，1978 年是他一生中最黑暗的时光。一天他去搬动农机设备，突然感到一股电击的灼热，再想收回手已经来不及了。只见眼前腾起一股青烟，一只好端端的胳膊就报废了，他只能做手术切除了这只被烧坏的胳膊。

一个四肢健全的人，突然变成了独臂夫，从生活到工作，一切都得从头开始。但没过多久，他就学会了单手驾驶拖拉机和操纵各种农机设备。肢缺体残，并没有击垮沃克的意志，更没有打消他对射箭运动的兴趣。他还希望像正常人那样生活工作，还想一如既往地投身到运动中去。

经过一番思考，沃克找来一块优质皮革，把它固定在只有 15 磅张力的儿童弓箭上。每次到场地练习，先用牙齿咬住那块皮革，再用左手把弓弦向后拉，然后对着一堆堆稻草进行射箭练习。这种姿势难度很大，一开始摸索要领，辛苦的程度可想而知，还累得他腰酸颈痛，连两腮的肌肉都麻木了。

日复一日地苦练，力量越来越大，准确性越来越高。半年之后，沃克已经把弓箭的张力由 15 磅增加到 60 磅。断臂一年后，他就和正常人站到一起，参加密苏里州射箭锦标赛。虽然名列倒数第一，可他并没有气馁。第二年再次披挂上阵，名次跃升至第十位。1982 年他第四次参加密苏里州射箭锦标赛，战胜一个又一个四肢健全的对手，自豪地站到冠军的领奖台上。

从此，他一发而不可收，连续几年参赛都夺取了冠军，终于赢得了"独臂龙"的称号。密苏里州射箭协会的一位官员评价说："沃克是一位了不起的选手，他能够勇敢地同全国各地双手健全的弓箭手较量，甚至击败他们。"在谈到成功的秘诀时，沃克最喜欢用的一个词，就是决心。他说："我对残疾人的忠告是，不要让伤残吓倒你。想要做什么，你就去做，没有什么好怕的。"

行动是你做事的起点。只有行动，才能使你有活动的力量。

人生所有的设想和计划只有付诸行动才有可能变为现实。不管是多么伟大的构想，如果不做，就不会给自己和他人带来什么收获。所以，人生的关键就是行动。

先做，然后才能知道能不能实现自己的计划；只有在做的过程中发现问题，知道困难有多大，才能具体地去寻找解决的办法，最后把想的东西变为实际存在的东西。

先做，才有发言权。没有做过什么事情的人往往不知道事情的艰难，当然也不会有什么经验。做过了事情就会积累一定的经验，就会有话要说，就不会说空话，说出来的话才有说服力。

所有的大事业都是由小事情一点一点发展起来的。在生活或工作中，有些人就是看不见小事情，不愿意做小事，总想干一番轰轰烈烈的大事，可是一直没有大事让他展现自己的才能，所以，常常感叹英雄无用武之地。其实这都是眼高手低的表现，养成了大事做不来、小事又不干的坏习惯。

如果你想要有所作为，走向成功，就必须培养从小事做起的习惯。

有一个很有才华的人，整天想着要写一本世界名著，却看不上豆腐块的小文章，结果，很多年过去了，名著没写出来，小文章也没有，白白地让满腹才华失去了展现的机会。

相反，另一个人才华一般，但是多年来一直写小文章，积少成多，由小变大，最后，著作等身，收获颇丰，成功实现了自己的理想。

两种人生，两种不同的结果，告诉我们：人生就是从小事上起步的，人生的丰碑就是由这些小事逐渐累积出来的。

当我们要对一件大事做决定时，心里一定会充满矛盾，都会面对到底要不要做的困扰。下面的实例是一个年轻人的选择，他最终有了很大的收获。

杰米先生是个普通的年轻人，大约二十几岁，有太太和小孩，收入并不多。

他们全家住在一间小公寓里，夫妇俩都渴望有一套自己的新房子，他们希望有较大的活动空间、比较干净的环境、小孩有地方玩，同时增添一份产业。

然而买房子却很难，必须有钱支付分期付款的头款才行。有一天，当他签发下个月的房租支票时，突然很不耐烦，因为房租跟新房子每月的分期付款差不多。

杰米跟太太说："下个礼拜我们就去买一套新房子，你看怎么样？"

"你怎么突然想到这个？"她问，"开玩笑！我们哪有能力！可能连头款都交不起！"

但是他已经下定决心："跟我们一样想买一套新房子的人们大约有几十万，其中只有一半能如愿以偿，一定是什么事情使另外一半人打消了买新房子的念头。我们要想办法买一套房子，虽然我现在还不知道怎么凑钱，可是一定要想办法。"

过了一个礼拜他们真的找到了一套两人都喜欢的房子，朴素大方又实用，头款 1200 美元。现在的问题是如何凑够 1200 美元。他知道无法从银行借到这笔钱，因为这样会妨害他的信用，使他无法获得一项关于销售款项的抵押借款。

可是，杰米突然有了一个灵感：为什么不直接找承包商谈谈，向他私人贷款呢？既然想到了他就真的这么做了。承包商最初很冷淡，但由于杰米一直坚持，他终于同意了。他同意杰米把 1200 美元的借款按月交还 100 美元，利息另外计算。

现在杰米要做的是，每个月凑出 100 美元。夫妇两个想方设法，一个月能省下 25 美元，还有 75 美元要另外设法筹措。

这时杰米又想到一个点子。第二天早上他直接跟老板解释这件事，他老板也为他要买房子而感到高兴。

杰米说："T 先生（就是老板），你看，为了买房子，我每个月要多赚75 美元才行。我知道，当你认为我值得加薪时一定会加，可是我现在很想赚点钱。公司的某些事情可能在周末做更好，你能不能答应我在周末加班，有没有这个可能呢？"

尽责——了却君王天下事

老板被他的诚恳和雄心所感动，真的找出许多事情让他在周末工作10小时，他们因此欢欢喜喜地搬进了新房子。

杰米的成功就在于他认准了目标就行动，不想那么多，在做的过程中遇到问题解决问题，结果就达到了自己的目的。如果只说不做，就可能一直等下去，就不会有这个结果。

魔力悄悄话

先做后说是一种良好的习惯。培养这种习惯，会使你的人缘建立在可信可靠的基础上，你就会受到别人的喜爱。先做后说是一种优良的美德，培养这种习惯，会使你在做事的天平上增加了行动的砝码，助你走向成功。

对自己的目标主动出击

大凡在世界上做出成就的人，往往不是那些幸运之神的宠儿，反而是那些"没有机会"的苦孩子。因为没有机会永远是弱者的推脱之词。但凡成功者，都是自己命运的指挥者。

很多失败者都认为，他们之所以失败，是因为不能得到别人所具有的机会，没有人帮助他们，没有人提拔他们。他们会说，好的位置已经被人坐满了，高职位已被抢走了，一切好的机会都已被别人捷足先登，所以他们没有丝毫机会了。

但积极的人却不会推脱，也不哀叹，而是主动对自己的目标出击。他们只是迈步向前，不等待别人的援助，他们靠的是自己。

刚毕业不久的大学生小杨，在刚参加工作的时候遇到了很多困难，但他告诉自己：面对问题时，要倾尽全力，心中除了胜利以外什么都不想。正是这种想法改变了他的人生。如今他已成为一家大公司中的第一号推销员。他说："约在 4 年前，我还是个完全的落伍者。成天唉声叹气、愁眉不展，抱怨苍天待我不公平。我终日懒懒散散，整天做着发财梦，可是这些异想天开的幸运始终没有降临到我身上。我的美梦终于破灭了，只觉得前途一片黑暗，就在这个时候，一个朋友对我说：'天下没有不劳而获的事情，人生要靠自己主动去开创，你对人生付出多少，人生就会回报你多少。'人生每天都向我们提出一些问题——你是否对人生持有怀疑？你是否对自己的能力有信心？唯有信心才能使你主动去创造成功的人生。过去我从没有努力地工作过，再加上自己又缺乏信心，当然尝不到成功的果实。突然间，我感到自己整个人都变了，也发现生活中充满了机会，我决定就从推销员干起，我相信自己有能力突破任何困难。从此'信心与行动'便成了我的人生信条。"

很多成功者谈到自己的经验时，总是谦虚地说："运气好。"但我们应该知道，经验与判断力才是他们的利器。坐等运气的人，结果往往是虚度光阴。随波逐流的人通常是最相信运气的人。许多人碌碌无为，默默而终，是因为他们认为命运自有天定，从没想到可以创造人生。事实是，人生存在世上，那是天定。但好好地把握自己的生活，使它朝着自己的计划和目标奋进，这才是人生。

积极进取的人不会等待运气的降临，他们会抓住机会，不放过任何可能让他成功的机会。他不会等待运气护送他走向成功，而会努力换取更多成功的机会。他可能会因为经验不足、判断失误而犯错，但是只要肯从错误中学习，等他逐渐成熟后，就会成功。真正想成功的人不会只是坐下来怨天尤人，埋怨运气不佳，他会检讨自己，再接再厉。

掌握自己人生的主动权，就需要主动出击，遇到事情不顺利时，必须抱着主动的精神和充分的信心，积极努力地去克服困难，就是遇到了再大的阻力，也绝对不能退缩。如果开始就抱着放弃的心理，那就根本产生不了斗志，到头来困难更多，这样下去一定会失败。所以我们在遭遇困难时必须直面问题、冷静思考，努力地去尝试。

在遇到困难时，不要找些理由或借口来逃避现实。但凡成功立大业之人，都能面对困难，解决困难，不被逆流轻易击倒，甚至在找不到解决困难的方法时，他们也会自己去创造一些方法来解决。

在通往成功的道路上，不要寻求捷径，只要尽全力去做你该做的事，你就能走向成功。

成功者的秘诀，就在于他们愿意去做一些失败者所不愿意做的事。反之亦然，失败者之所以失败，在于他们一直在做成功者所不愿意做的事。

要清楚地知道到底什么是该做或不该做的事，首要条件就是必须拥有明确的目标，再就是需要全力以赴。这样，就可以有正确的判断力，看清自己该做的事情。

真正的成功者，看清自己该做的事情后，他们只是会立即行动，全力以赴，而不会做出其他选择。如果意识中有任何想拖延的消极思想产生，不妨想想，一个人如果在失败中站不起来，那么他就彻底地失败了。

是的，你必须全力以赴，并清楚地知道，你的成功不仅会为自己带来幸福和快乐，还会为你身边的人带来阳光般的温暖和喜悦。

那些成功的人总是全力以赴，以生活中最优秀者为目标，而不是像失败者那样脱离现实，想入非非。一个人只要有决心、肯努力、不畏艰难、全力以赴，他一定可以获得成功。我们从很多成功者的奋斗史中可以看出时刻全力以赴、努力劳动的伟大价值，他们做任何事情总是要求自己精益求精。做事总是兢兢业业，从不妄想一步登天，所以，他们的成功是必然的。

我们时常可看见那些明明能力、才干都在他人之上的人，却屈居人下，很大程度上是因为他们工作不努力，没有全力以赴，最终他们将会被淘汰。

一个人如果不热爱自己的工作、不能全力以赴的人，不可能获得上司的青睐和事业上的成功。因为，一个对工作不负责、不尽心尽力的人，是没有任何资本去获得成功的。要想成功，要想把工作做得更好、更出色，你就必须比你的同事付出更多，工作更努力。

成功的人永远比别人做得更多，当一般人放弃的时候，他们在努力；当别人享受休闲的时光时，他们也在努力；当别人正躺在床上呼呼大睡时，他们还在努力。

飞人迈克尔·乔丹是美国篮球史上的神话，被称为"篮球之神"。他具备所有成为篮球王的特质和条件。尽管如此，他参加任何一场赛事之前都会认真地练习投篮，练习基本动作。他是球队里最刻苦的人，也是准备工作做得最充分的人。

比尔·盖茨说："你能够使成功成为你生活中的组成部分，你能够使昨日的理想成为今天的现实。但是，靠愿望和祈祷是不行的，必须动手去做才能让你的理想实现，天下没有免费的午餐。"

魔力悄悄话

成功的可能性与准备工作做得是否充分是成正比的。

立即行动

人生的时间是有限的，我们应该时刻为成功做准备。但有的人从小养成了拖泥带水的习惯，并常常用一些漂亮的言辞来掩盖自己。

有一首诗是这样写的：

他在月亮下睡觉，

他在太阳下取暖，

他总是说要去做什么，

但什么也没做就死了。

当我们还是一个小孩的时候，我们对自己说，当我成为一个大人的时候，我会做这做那，我会很快乐；等我们读完大学之后，我们又说，等我找到第一份工作的时候，我会做这做那，我会很快乐；当我们找到第一份工作之后，我们又会说，当我结婚的时候……然后我们又会说，当孩子们从学校毕业的时候，我会做这做那，并得到快乐；当我们退休的时候，真正走进了我们的晚年，我们看到了什么？我们看到了时光已经从我们的眼前走过去了！

生活中最可悲、最没有用处的话语莫过于"它本来可以这样的""我本来应该""我本来能够""如果当时我……该多好啊"。生命不是开玩笑，从来就没有虚拟语气的说法。我们之所以会把问题抛弃在一旁，最主要的原因就在于我们还没有学会对自己的人生负责任，这也是我们事后后悔时痛苦不堪的原因。

成功者总在做事，失败者总在许愿。我们唯一有能力支配的东西，就是个人的行动。千万别让自己的执行力在借口中搁浅。

研究、准备是必要的，但一直徘徊在这种状态和过程里则是不对的。许多机会稍纵即逝，时势也总在发生变化，生活不会静态地耐心等待着你准备得十全十美，完全到位。研究、准备下去，永远不去执行，到头来，除了一头白发之外，我们将一无所获。

渴望成功的人没有一个不想知道成功的秘诀。其实成就事业的秘诀再简单不过了，仅仅只有两个字——行动。

"立即行动"作为一句自我激励的警句，无论何时何地，我们都应该把它当成一种习惯。我们对任何一个问题都应该能立即作出有效反应。如此，面对各种突发事件或是当机会偶然来临，便能立即作出强有力的反应，通过行动来解决问题。

工作中我们常有预定的或大或小的事要做，但由于拖延的习惯，我们或是忘记或是迟误，必然会相应地造成一定程度上的损失，以至于让自己后悔不已。其实我们完全有能力避免这些情况。假如你现在有一个电话要打，但由于拖延的习惯作祟，打电话的事就被你抛之脑后了。此时如果自我激励，当"立即行动"进入你的有意识心理时，你会毫不犹豫地立即去打这个电话，事情就会顺理成章的完美结束。

通常你会遇到这样的情况，根据需要你把闹钟定在早上 6 点。然而，当你睡意正浓时闹钟突然响个不停。于是，你就会起身把闹钟关掉，又蒙头大睡起来。慢慢地，你就会养成一种早晨不按时起床的懒散习惯，致使把你的计划一一打乱。当你把"立即行动"当一道敕令，遇事不拖、行动至上，那么成功也就如约而至，绝不会姗姗来迟。

威尔斯作为一位多产作家，同时也是一位掌握了建功立业秘诀的人。平时任何一个新奇的灵感进入他的大脑时，他便立即把这个想法记下来，力图不让任何一个想法溜掉。无论何时何地，他都坚持这样做。他的这一做法一旦成为习惯，就会显得十分自然、毫不费力。当你心中突然闪现出一个令人愉快的念头时，你就会不自觉地笑起来。对他来说就像是这样。

许多人在生活中都有拖延的习惯，这一习惯小则导致出门误车、上班迟到，严重则会导致失去可能会改变人们整个生活进程的良机。

二战期间，日军在马尼拉登陆，美国在菲律宾的海军中有一名文职雇员瓦尔特不幸被捕。他先是被日军关进一个普通的旅馆，在旅馆待了两天之后，又被送往一个战俘集中营。就在进入集中营的当天，瓦尔特发现其中一个难友的枕头下放着一本书。狱中的日子实在难熬，每个战俘内心都充满着沮丧、痛苦和不安。在这种情况下，瓦尔特便向他的难友借了这本书，书名叫作《成功青睐积极的人》。

现在他的情绪非常糟糕，却又无处发泄。一想到接下来在集中营的日子有可能遭受的折磨，他越来越恐惧，在这一心态下，死亡时时叩响他的内心。现在他像抓住救命草一样抓住这本书，借以驱逐内心的恐惧。于是，他尽量使自己沉浸在书中。在认真翻过几章之后，他便完全被书中的内容所吸引，不知不觉中忘记了糟糕的处境。很快，他就为书中的希望所鼓舞。此时他发现，前面的日子虽然可怕，但也并不是不可战胜，他渴望在这本书的陪伴下迎接前面的日子。接下来，瓦尔特不停地与难友讨论书中谈到的问题，他觉得这本书简直就是自己无意间拥有的一笔巨大财富。

"我想把它抄下来。"瓦尔特激动地说。

"当然可以，那你现在就行动！"难友回答。

一字又一字，一页接一页，一章又一章，瓦尔特立即着手孜孜不倦地抄起书来。他开始陷入一种极度的焦灼中，担心随时都有可能失去这本书，因为在集中营，这本书在任何时候都有被拿走的可能。同时，也正是这一苦恼在激励他加紧抄写。

然而，幸运的是，就在瓦尔特把这本书的最后一页抄写完不久，他又被转移到臭名昭著的圣多·托马斯城集中营去了。在之后三年零一个月的囚徒生活中，瓦尔特随时随地都带着这本他辛苦抄来的书。这本书成了支撑他囚徒生涯的精神支柱。他把它看作是自己的精神食粮，总是读了又读，毫不厌倦。在漫长而枯燥的日子里，圣多·托马斯监狱的囚徒在生理和心理上永远受到了伤害——恐惧现在，也恐惧未来。瓦尔特在这本书的激励下坚持着他的信念，他不断地鼓舞自己，制订着未来的计划，同时保持和增强了心理和生理的健康。

魔力悄悄话

"你或许觉得难以置信，我觉得在离开圣多·托马斯时我比做见习医生时还要好些。那段经历使我的心理更加成熟，在那里我为更好的生活做好了充分的准备。"瓦尔特这样描述他那段在别人看来最凄惨的日子。谈话中，他总强调他最主要的思想："成功时常会长出翅膀，远走高飞，要记住成功的过程是不断实践的过程。"然后他会告诉自己，现在正是行动的时候。

不留退路

许多成功人士在谈及自己的成功经验时，往往都会说他们其实并没有什么奇特的办法，只是认为一个人要想干好一件事情，成就一番伟业，必须心无旁骛、全神贯注地投入进去，并持之以恒地追逐自己定下的目标。许多人都明白这个道理，但是真正行动起来，却很困难。因为人是有惰性和太多欲望的动物，有时可能因为抵不住诱惑或战胜不了身心倦怠而放弃，半途而废。对于这样的人来说，一定要扭转这种状态，古希腊著名演说家戴摩西尼是一个很好的学习榜样。

年轻时，戴摩西尼就非常注重自己的演说能力。为了提高这个能力，他躲在一个地下室练口才。这种地下室的练习是非常枯燥乏味的。戴摩西尼觉得很痛苦，心里总想着到外面去晒晒太阳，去街市上转一转，这样三心二意的，所以他的进步很慢。面对这种情况，他狠下心，挥动剪刀把自己的头发剃去了一半，变成了一个怪模怪样的"阴阳头"。他这样做，就是为了断绝自己想到外面去的念头。因为顶着这样的"阴阳头"到街上去，会成为被人嘲笑的对象。因为羞于见人，他只得彻底放弃了出去玩的念头，一心一意地练口才，这样他的演讲能力迅速地提高了。经过一番不懈的努力，戴摩西尼最终成为世界闻名的大演说家。

每一个人都有潜力，如果不把自己逼迫到一定程度，这种能力是难以发挥出来的。但是如果把自己逼到一定程度上，就可能潜力无限，完成不可能完成的任务。一个人不逼自己一把，根本就不知道自己有多优秀。

法国著名作家雨果曾经用 5 个月的时间就写出了一部世界名著。这部小说能够如此迅速地问世，完全是被逼迫的结果。1830 年，雨果同出版商签订了合约，半年内就得交出一部作品。合约已经签订了，接下来就要保证自己不违约。为了维持合约，雨果必须全力以赴，不能有半点懈怠，除了吃饭和睡觉，他要一直坐在书桌前写作。为了确保自己能做到这点，雨果把除了身上所穿毛衣以外的其他衣物全部锁在柜子里，把钥匙丢进了小湖。就这样，即使他想外出，但是没有衣服可穿，就只能打消外出的念头了。这使他彻底断绝了外出会友和游玩的念头，一头钻进小说创作中，结果作品提前两周脱稿。而这部仅用 5 个月时间就完成的作品，便是后来闻名于世的文学巨著《巴黎圣母院》。

每个人可能都会遇到这种情况，由于难以驾驭自己的惰性和欲望，而成了惰性和欲望的奴隶。这时，采取一些切断退路的方法，使自己专心致志地前行，这样才有可能走向成功。

在现实生活中，有些人为了保险起见，不管什么事情都要给自己留一条退路。他们以为这样很稳妥，而在我看来，"退路"只是逃避的另一种说法。生活中，如果一个人常将"退路"挂在嘴边，那这便是"败有退路"，因为留有退路的时候，就潜藏着懈怠和自我安慰。

魔力悄悄话

我们在做一项无法轻松实现的事情时，最好切断自己的退路，这样才能激发我们的潜力，义无反顾，坚持到底。没有了顾虑，也就没有了后退的理由，而"一心想着成功"也"迫使"我们发挥出自己真正的能力，让我们得以全神贯注将精力集中在"目标"上。

不要为失败找借口

如果在失败时，总是自己给自己找借口，我们就只能永远沉沦在失败中无法自拔。面对失败，我们所需要做的是找到失败的真正原因，进而积极地为成功找方法。

借口是失败的温床，而习惯性的拖延者通常是制造借口与托词的专家。他们经常会为没有做成某些事而去想方设法寻找借口，或想出各种各样的理由为任务未能按计划完成而辩解。"这项工作太困难了""我不是故意的""我太忙了，忘了还有这样一件事""老板规定的完成期限太紧""本来不会是这样的，都怪……"等。

找借口是世界上最容易办到的事情之一，只要你存心拖延逃避，你总能找出足够多的理由。因为把"事情太困难、太复杂、太花时间"等种种理由合理化，要比相信"只要我们更努力、更聪明、信心更强，就能完成任何事情"，进而通过努力去获得成功要容易得多。

找借口是一种坏习惯。在遇到问题后不是积极、主动地去想方设法加以解决，而是千方百计地寻找借口，你的工作就会变得越来越没有效率。借口变成了一块挡箭牌，一旦什么事情没有做好，就总能找出一些看似合理的借口来安慰自己，同时也以此去换得他人的谅解。找借口只是为了把自己的失败或过失掩盖掉，暂时人为制造一个自以为安全的角落。但长期这样下去，借口就会变成一种习惯，就会成为失败的温床，人就会疏于努力，不再努力奋斗争取成功了。

现实工作中不知道有多少人把自己宝贵的时间和精力放在了如何寻找一个合适的借口上，而忘记了自己应尽的职责。可以这么说，喜欢为自己的失败找借口的人肯定是不努力工作的人，至少，他没有端正他的工作态度。他们找出种种借口来掩盖自己的过失和失败，他们不是一个负责任的人。这样的人，在社会上不可能是非常优秀的人，也绝不可能是可以让人信任的人，更难以得到大家的信赖和尊重。

尽责——了却君王天下事

借口是对惰性的纵容。每当要准备工作时，或要作出抉择时，总要找出一些适当的借口来安慰自己，总想让自己轻松些、舒服些。也许很多人都有这样的经历：每当清晨闹钟将你从睡梦中惊醒后，心里想着该起床上班了，但同时却又舍不得离开温暖的被窝，所以常常会一边不断地对自己说该起床了，同时一边又会不断地给自己寻找借口："没关系，今天不急，再躺一会儿。"于是又躺了 5 分钟，10 分钟……

所以在生活中，千万不要找借口，不要把过多的时间和精力花费在寻找借口上。失败也好，做错了也罢，再美妙的借口对事情的改变没有任何作用。还不如仔细去想一想下一步究竟该怎样去做。在实际的工作中，我们每一个人都应当贯彻这种"没有任何借口"的思想。工作中，只要多花时间去寻找解决方案，反复试验，调整平和的心态，多做实事，相信总可以找到解决的方法。

那些把"没有任何借口"作为自己行为标准的人，他们拥有一种毫不畏惧的决心、坚强的毅力、完美的执行力及在限定时间内把握每一分每一秒去完成任何一项任务的信心和信念。

其实，方法总比问题多，有问题就有方法，用对方法才会把事情做成功。

一群人在大海里划船，迷路了。狂风大作，每个人的生命都在大海上漂摇。在这些人当中，有两个人知道正确的方向，应该向西。

第一个人马上说出了自己的想法，态度很坚决。但是除了这两个人，其他所有的人都认为应该向东。在生命最危急的时刻，大家都心慌意乱，都不相信这个人的意见。另外一个知道的人选择了沉默。于是，第一个人就和其他人争执起来，最后的结果是这个人被失去理智的众人扔进了大海。

船在大海里继续向东航行。另外一个知道正确方向的人也假装认为应该向东，因为如果不这样做，他的命运会和第一个人一样，被众人扔进了大海。

但是，他必须想一个办法纠正船的方向，否则也将是死路一条。于是，这个人就和其他人搞好关系，慢慢地取得大家的信任。他提出由他来掌舵，理由是他曾经当过水手，有过这方面的经验。大家同意了。

船继续向东航行，但是，这个人在船每走一段路时就把方向稍微调整一点，大家都没有发现。在船兜了一大圈之后方向变到了朝西方，最后，大家在不知不觉中到达了西面的陆地。这个时候，这个人才慢慢地告诉大家真相，大家把他当作救命恩人。

这就是方法的重要性，第一个人由于太死板，结果只能葬身大海。第二个人灵活地运用了方法，成了大家的救命恩人。

在现实生活中，我们要遵循的一个原则是：及时行动，绝不拖延。我们每天都有要做的事，所以我们应该尽力做到"今日事，今日毕"，千万不要拖延到明天。

拖延是一味慢性毒药，它会让人们在不知不觉中对时间的流逝感到麻木，等到发现属于自己的"时日"不多之际，这味毒药已经浸入了我们的骨子里，毒性已经扩散到全身，过去的一切都已经无法挽回了，原本可以得到的一切也如东去之水，永不回头。对待生活要积极热情，立刻付诸行动，不浪费一分一秒的工作时间，今天应该完成的事情绝不能拖到明天。

"明日复明日，明日何其多"。在这种拖延中所耗去的时间、精力也足以将那件事做好。处理以前积累下来的事情，会让每个人都感到厌烦。本来当初花很少时间就可以很容易做好的事，因为拖延，就变得困难多了。

魔力悄悄话

在生活中，我们应该将自己的全部身心都投入到其中。如果连最基本的事情都无法投入全部精力，那还谈什么伟大的成就和宏伟目标的实现。如果我们不能将自己的积极性、主动性以及全部热情和努力都投入到自己所做的事情当中，那么作为生活的主体的我们，最终会失去对生活的主动权和蕴藏在生活当中的一切成功的机会。

学会放大你的优势

李扬是中国著名的配音演员，被戏称为"天生爱叫的唐老鸭"。李扬在初中毕业后参了军，在部队当一名工程兵，他的工作就是挖土、打坑道、运灰浆、建房屋。可是李扬深知，自己绝对不可以放弃自己的优势：那就是自己一直热爱的影视和文学艺术。在一般人看来，这两种工作简直是风马牛不相及。但李扬却坚信自己在这方面有优势与可挖掘的潜力，应该努力把它们坚持下去并开发出来。于是他抓紧时间学习，认真读书看报，博览众多的名著剧本，并且尝试着自己搞些创作。退伍后李扬做了一名普通的工人，但是他仍然坚持不懈地追求自己的理想。没过多久，大学恢复了招生考试，李扬考上了北京工业大学机械系，变成了一名大学生。从此以后，他用来开发自己身上宝藏的机会和工具都一下子多了起来。经几个朋友的介绍，李扬在短短的 5 年中参加了很多外国影片的译制录音工作。这个业余爱好者凭借着生动的、富有想象力的声音风格，参加了《西游记》中的美猴王的配音工作。1986 年初，他迎来了自己事业中辉煌的时刻，风靡全球的动画片《米老鼠和唐老鸭》招聘汉语配音演员，拥有独特风格的李扬一下子被迪斯尼公司相中，为可爱滑稽的唐老鸭配音，从此一举成名。李扬说，自己之所以能成功，是因为一直没有停止过挖掘和开发自己的优势。

在激烈的竞争中，每个人都要有定位人生的能力：即自我的人生价值和角色定位、人生主要目标的设定等。一个人能否取得事业上的成功，关键在于是否能准确识别并充分发挥自身的优势。

千万不要轻易地丢掉自己的优势。人在江湖打拼，就要把内在、外在优势全部集中，即使这样也总是会让人感到优势缺欠，如果再轻易丢掉，就谈不上拼搏和竞争，只能被打垮、淘汰。每丢掉一次优势，就相当于把优势存折抹掉一笔，丢的多了，钱包掏空，不但没有优势，反而发生能力赤字，优势变成劣势，根本谈不上为自己的发展争取到了更好的机会。

　　我们每个人都有着自己的长处。我们要善于发现自身的优势并且极力发挥，但是，只找到自己的相对优势还不够，你还得坚持下去，学会如何把这种相对优势放大，从而利用自己的这种优势实现最大的价值。如何放大相对优势呢？关键是要能找到一个平台，也就是一个能够放大自己绝对优势的地方，把更大的心血花在上面，那么你的一点点比别人强的地方，就会被放大到很多，而你的回报也会很大。

魔力悄悄话

　　世间许多平凡之辈，都拥有一些诸如"能把名字写好"这类小小的优势，但由于众多原因，这些小小的优势常常被忽略了，更不要说是一点点地放大它了，这实在是人生的遗憾。我们都要知道：每个平淡无奇的生命中，都蕴藏着一座丰富的金矿，只要肯挖掘，哪怕仅仅是微乎其微的一丝优势，只要你坚持放大它，它就会发出耀眼的光芒。不要总是埋怨自己的平庸，要看到自己超越他人的优势所在。

第五章 学会责任型思维

　　人生处世如行路，常有山水阻身前，行不通时，有些人就开山架桥，最后蛮力耗尽，也逃不出出师未捷身先死的结局。而有些人只是转了个弯，轻松绕过障碍，就成功到达了终点。世事洞明皆学问。我们很多时候需要学会责任型思维。创造性思维是人类的高级心理活动。创造性思维是政治家、教育家、科学家、艺术家等各种出类拔萃的人才所必须具备的基本素质。心理学认为：创造思维是指思维不仅能提示客观事物的本质及内在联系，而且能在此基础上产生新颖的、具有社会价值的前所未有的思维成果。

当你做错了从心里说声对不起

人非圣贤，孰能无过，所以我们人人都应该学会道歉。衷心道歉不但可以弥补双方破裂了的关系，而且还可以相互增进感情。

道歉的方式各种各样，最常见和需注意的有以下几点：

1. 如果你觉得道歉的话说不出口，可以用别的方式来代替。一束鲜花可使前嫌冰释；把一件小礼物放在对方的餐桌上或枕头底，可以表明悔意，以示爱念不渝；大家不交谈，触摸也可传情达意，这就是所谓的"此时无声胜有声"。

2. 切记道歉并非耻辱，而是真挚和诚恳的表现。大人物有时也道歉，丘吉尔起初对杜鲁门的印象很坏，但后来他告诉杜鲁门说以前低估了他，这是以赞誉的方式表示歉意。

3. 应该道歉的时候，就马上道歉，越耽搁越难启齿，有时甚至追悔莫及。

假若你认为有人得罪了你，而对方没有致歉，那你应该冷静，不要闷闷不乐，更不要生气，也许对方正为如何道歉而不好过呢。

4. 你如果没有错，就不要为了息事宁人而认错。这种做法，对任何人都没好处。

同时你要分清深感遗憾和必须道歉这两者的区别，有些事你可以表示遗憾，但不必道歉。

5. 用书面道歉。有时光嘴里说"对不起"是不够的。写在纸上比嘴里说的更有分量。

你可以给对方写一封道歉的信，表达你由衷的歉意。

6. 给对方发泄心中不快的机会。让对方骂你，将心中的怒气发泄出来，是挽回友谊的好办法。否则不满淤积在胸中，数年不散，你与对方将永远难修旧好。

7. 夸大自己的过错。你越是夸大自己的过错，对方越不得不原谅你。

8. 采取补偿的具体行动。

付诸具体行动更能表现出你的诚意。

9. 赞美对方心怀宽大。大多数人受到赞美后，都会不自觉地按赞美的话去做。

魔力悄悄话

思考是需要每天练习的。因此，我们可以运用心理上的"自我调解"，有意识地从多方面培养自己的创造性思维。

思维的区别

从前，一个海岛上有很多沉积了多年的大颗的珍珠，价值连城。可谁也无法接近这个海岛，只有栖息在海岸附近的海鸟能往来于这个岛。

很多人慕名而来，带有枪支弹药，捕杀飞回岸边的海鸟。因为这种海鸟每到白天都会飞到岛上去吃珍珠。

时间长了，海鸟渐渐地灭绝，即使剩下的几只也过得胆战心惊，只要一闻到人的气息，看到人的踪影，就会早早地逃走。

后来，来了一个很有智慧的商人，他在海岸附近买下大片的树林，并在树林周围围上栅栏，不让闲杂人走进他的树林。同时，他严厉告诫他的仆人，不许在树林里捕捉或驱赶海鸟，更不许放枪。

于是，当海岸其他地方的枪声一响，就会有海鸟在惊慌逃窜中不经意闯进他的树林。时间一长，海鸟渐渐地都留在他的树林里栖息。它们也因此不必再为安全而战战兢兢。

等海鸟在他的树林里逐渐安定下来的时候，他开始用各种粮食果实等，做成味道鲜美的百味食物，撒给这些海鸟吃。海鸟贪吃百味食物，吃得十分饱满，就把肚中的珍珠全部拉了出来。日复一日，这个商人就成了百万富翁。

在对待一些问题上，人与人的思维只存在一种看不见的细微的区别，但是由不同的思维得出的结果却有着惊人的差别。

他是一位匈牙利木材商的儿子。由于从小生得呆笨，人们都喊他木头。

12 岁时，他做了一个梦，梦到有个国王给他颁奖，因为他的作品被诺贝尔看上了。当时，他很想把这个梦告诉谁，但又怕人嘲笑，最后只告诉了妈妈。

妈妈说，假若这真是你的梦，你就有出息了！我曾听说，当上帝把一个不可能的梦，放在谁的心中时，就是真心想帮助谁完成的。

男孩从来没听说过梦想和上帝还有这层关系。为不辜负上帝的希望，从此他真的喜欢上了写作。"倘若我经得起考验，上帝会来帮助我的！"他怀着这样的信念开始了他的写作生涯。三年过去了，上帝没有来；又三年过去了，上帝还是没有来。就在他期盼上帝前来帮助的时候，希特勒的部队却先来了。他作为犹太人，被送进了集中营。在那里，数百万人失去了生命，而他却靠着"生存就是顺从"的信念活了下来。

"我又可以从事我梦想的职业了！"他怀着这种心情走出奥斯威辛。1965年，他终于写出他的第一部小说《无法选择的命运》；1975年，他又写出他的第二部小说《退稿》。接着他又写出一系列的作品。

就在他不再关心上帝是否会帮助他时，瑞典皇家文学院宣布：把2002年的诺贝尔文学奖授予匈牙利作家凯尔泰斯·伊姆雷。他听到后，大吃一惊，因为这正是他的名字。

当人们让这位名不见经传的作家谈谈获奖的感受时，他说："没有什么感受，我只知道，当你说'我就喜欢做这件事，有多困难我都不在乎'，这时，上帝就会抽出身来帮助你。"梦想皆有神助！在新世纪里，伊姆雷成为第一位证明人。预言家说，还会有第二位，就藏在有梦想的人中间。

魔力悄悄话

想象力是人类运用储存在大脑中的信息进行综合分析、推断和设想的思维能力。在思维过程中，如果没有想象的参与，思考就发生困难。特别是创造想象，它是由思维调节的。

能力有多大责任就有多大

当你觉得自己是人才，是千里马，没有伯乐赏识，没有用武之地时，你可能很郁闷，不得志。不妨问自己一个问题：职场之中，人才应该具备什么样的优点呢？

有一句话：能力有多大责任就有多大。

是否可以这样理解：责任心有多强，能力就有多大！没错，无论你具备什么样的能力，如果缺乏强烈的责任心，你的能力会大打折扣，甚至因此止步不前。

很多人并没有深刻地认识到这一点，觉得自己有能力，在哪里都是香饽饽，其实不然。大家应该还记得《士兵突击》中的成名，他各项军事科目都很优秀，为什么没有连队要他？而许三多很笨拙，但是最终成为"兵王"？

就是因为：责任心！强大的责任心坚定着许三多的军人信念；强大的责任心助长着许三多的军事技能和素养；强大的责任心点石成金，化腐朽为神奇！

企业在发展过程中，总有一些人会随着企业的发展沉寂下来，总会有一些人因为忠心耿耿得到重用，这里面没有什么秘诀，就是责任心。

一个人因为角色不同责任也随之不同。

当你在家里，你可能只是父母眼中的好儿女，妻子身边的好丈夫，儿女心中的好爸爸……赡养老人的责任、爱的责任、抚养子女的责任，让你为之奋斗和骄傲。

当你在企业里，你是下属的好领导，你是领导的左膀右臂，这份对同事负责、对领导负责、对客户负责、对企业负责的态度，让你平步青云，扶摇直上。

当你在社会中，你就应该遵守法规、习俗、道德的制约，这是每一个社会人都应该承担的社会责任。

尽责——了却君王天下事

我们或在各种责任之中游走，这是常态。也正是这样的责任感、责任心激励着我们不断前进。责任有时候会让你很累，甚至因此付出很多，但是这种责任心是一个人、一个企业、一个民族、一个国家发展强大的根源。

责任心的培养跟习惯息息相关。

首先，凡事不要逃避。

虽然趋利避害是人性所致，但人还可以迎难而上，大公无私。当你敢于面对困难、越无私的时候，你最终得到的肯定会更多。

其次，对待问题有正确的态度。

面对问题，态度很重要。只要有坚决解决问题的态度，就可以培养起强大的责任心，这是提升能力不二的途径。

再次，成长环境极其重要。

一个人有没有责任心和其成长环境很重要，也就是说，父母给了他什么。从小就要教育和锻炼其责任心，长大以后一定会独当一面。

最后，要有"爱"。

一个人，不仅要爱自己、爱家人、爱同学、爱同事及周遭认识的人，还要爱天爱地爱万物。这是一种境界，更是一种责任的最大体现。

魔力悄悄话

青年人爱幻想，要珍惜自己的这一宝贵财富。幻想是构成创造性想象的准备阶段，今天还在你幻想中的东西，明天就可能出现在你创造性的构思中。

掌握自己奔跑的速度

人生的路上，我们都在奔跑，为家庭的幸福，为事业的成功，为生活的甜美，为老人的健康，为心贴心的浪漫……我们总在赶超一些人，也总在被一些人超越。在人生路上奔跑着，虽然有时候也会停下来欣赏下美丽的风光，体会对人生的感悟，但始终还是继续自己的旅程，奔跑着，有时候感觉自己就像是浮萍。

漂浮在茫茫人海上，有时会迷惘地望着四周。在停歇的时候，静静地一个人愣愣地待着，这时候，一瓶清凉的水都能给我带来幸福的享受。在路上奔跑多了，有时会麻木，有时会缺氧，有时会筋疲力尽，有时会寂寞孤独。有时，因为没有仔细欣赏，竟忘却了路的两侧那美丽的风景，有时，因为选择的道路铺满荆棘，竟弄得自己遍体鳞伤。

无论那些熟悉的或不熟悉的人，都有自己的目标，有自己的方向。或许在寻找儿时的某种缺失，或是寻找未来的某种希望。一些人乐此不疲地奔跑着，有一些人找个机会就休息一下，再次踏上奔跑的征途，还有的人会停下来，面对一切的陌生。在路上奔跑多了，会追上一些人，会超过一些人，还有一些人和自己同奔跑，有时也会自己在奔跑。人生的意义，一是欣赏沿途的风景，二是抵达遥远的终点；我觉得我们的人生，需要寻找一种最适合自己的速度，莫因疾进而不堪重荷，莫因迟缓而空耗生命。

魔力悄悄话

人生最大的快乐，走自己的路，看自己的景，超越他人不得意，他人超越不失志。

不要习以为常

"习以为常"是破坏美好生活的罪魁祸首。人一旦陷入习以为常的状态，就会失去对美好事物的感知和体验能力。然而，我们生活中有太多的习以为常：对于在黑暗中随手打开电灯就能见到光明习以为常；对于在图书馆随时都能借到自己想读的图书习以为常；对于在地球上任何一个角落都能用手机听到亲人的声音习以为常；对于从小到大父母对我们的关心和爱护习以为常。这些"习以为常"让我们失去了生命中本该拥有的快乐感和幸福感。

感知能力是快乐和幸福的源泉。如果在学校你能够感觉到读书的快乐，在单位能够体会到工作的成就感，回家后能够感觉到家的温馨，那就说明你还保留着对于幸福和快乐的感知能力。但对于很多人来说，这样的感知能力正在慢慢消失，最终不可避免地陷入"习以为常"中。我们都知道这句话："久居兰室不闻其香，久居鲍肆不闻其臭"。为什么会出现这样的情况呢？这是因为日复一日地相同经历会使人产生审美上的厌倦和疲劳，大脑无法再保持兴奋感。这是一种生理和心理反应的必然结果，有的时候不以人的意志为转移。我们可以反复告诫自己一定要珍惜美好生活，但却总是不自觉地陷入麻木甚至厌倦状态。那么究竟怎样才能改善这种状态，重新感知到幸福和快乐呢？

答案是：不要让美好的东西太容易得到。越难得到的东西越会被珍惜，从中获得的幸福感也就越长久。现在许多孩子的幸福感远远没有我们小时候强烈，尽管他们在物质方面要富裕得多。他们想要得到一件东西太容易了：想要玩具就买玩具，想要手机就买手机，想看电影就能看电影，想吃什么就能吃到什么。结果，孩子很快就对这些东西产生了厌倦感。我们小时候就不同了，那时候有一把玩具手枪或看一场电影，都是极为奢侈的事情。记得小时候，一个上海亲戚下乡来，送给我一把玩具手枪，结果这把枪成了我的贴身宝贝，一直陪了我 10 年。直到现在想起来，还能体会到它曾带给我的那种幸福和满足感。小时候看电影，都是露天电影，而且常常要摸黑走 10 里地，但那时看电影所感受到的快乐和幸福，现在进 100 次电影院都比不上。

小时候，读书不是件容易的事情，若找到一本书来读，能让我高兴得几天几夜都睡不着觉。所以，今天我一看到身旁触手可及的书，内心就会泛起由衷的喜悦和满足；小时候，我从没见过电灯，每次读书都要在黑暗中摸索着把煤油灯点上。所以，现在一揿开关就看到明亮的灯光，我的内心也会在一瞬间溢满温馨和感动。

有人跟我说：我从小什么都不缺，生活在富裕的家庭，过着优裕的生活，但却渐渐失去了感知美好生活的能力。这就是我们常说的"身在福中不知福"。幸福和快乐是没有办法强行感知的，所以，若要改善这种状况，最好的办法是让自己先失去、再感知。怎样做到先失去呢？暂时离开习以为常的温暖的家，抛弃"打开开关就是电灯、打开水龙头就是清水"的便捷生活，打起背包，到缺水、没电的荒野中走几天，白天在孤单中啃干粮，晚上在恐惧中宿帐篷。然后，你再回到家，就知道家是多么可爱，日常的生活有多幸福了。

我们不能对美好的事物太习以为常，否则，生命中留下的只能是越来越多的痛苦。因为人天生容易对美好的事物习以为常，而对痛苦的感知却只会随着年月的累积而变得敏锐。如果我们不懂得去感知幸福和快乐，就只能让痛苦和怨恨充满心田。而一颗被痛苦和怨恨充满的心，就再也没有空间去容纳快乐和幸福了。

魔力悄悄话

从一件积极的小事情开始，并且一整天就一直重复想着，你将进入一个更加积极的状态：积极的思想、情感、机遇，用昂扬的精神和脚踏实地的行动装扮你的人生。

活着不仅仅只有自己

如果快乐无人分享，那不叫喜悦。倘若悲伤时刻有个人拍拍你的肩膀，让你依靠一下，那也是一种快乐的伤感！生命的责任不是自己想不要就可以抛弃的，没有责任的人生失去了的也就是你活着的意义了，你的快乐没人知道，你的悲伤没人和你一起承受，那么你就是现实世界的纯正意义上的"孤家寡人"！

如果你只是存活在唯你的世界里，如果你只是思考你一个人的人生，如果你只是为你自己而生活，你注定一生只是大海的一滴水，渺小而毫无光泽，注定要一生卑微罢了！

掐指数数，明日还有多少，有些事必须想想的，因为我们有这样的责任！你的家人，你的朋友，你需要对他们负责，你也需要对自己的生命负责，这是我们天生带来的使命感，推也推不掉的！我想其实每个人都知道自己所被上天赋予的使命，想完成，只是有些时候因为某些客观的因素阻拦被迫推迟而已，时间没了，知道自己生命结束的时候才开始后悔莫及！

我们的双手所要托起的不仅仅是我们自己身体，还有我们的家人，甚至是周边的朋友。一个生命，首先，必须要让自己强大才能让他人看得起，也就有能力可以帮助别人，如果连自己都不想帮自己，那再有能力的人也是无法帮助我们的。

在现在的这个世界，生命的自私也是可以理解的，每个人都是有私欲的，我觉得这很正常，如果一个人没私欲那说明这个人没有情感，更别谈责任了，只是这种私欲是否损伤到他人这才最关键。健康的私欲没什么不好。

只要把握得有分寸，正会是因为这样的私欲激动着我们不断地提高自己，不断地完成自己使命感，不断体现出自己生命的责任感。生活其实差不多就是每一天重复着几乎一样的事情，有时候我们会觉得活着真的不知道有什么意思。但必须活着！

我也不知道自己的未来，因为下一秒的事情谁也无法预料，我只是有种感觉告诉我的心说：我的生命不是只为我一个人，我不是我这条生命权利的主宰，我只是它的一个载体罢了。我的世界不是只有我一个人，我还有的我的家人，还有爱我的所有人，我还有我生命的责任！

不一定每个人对生命责任的感悟都一样，但我相信所有的人在心底对生命的要求的原则都一样，那就是大家都希望快乐、幸福。

像雪花，虽然一片的力量很小很小，但是它尽自己全力向世人展现自己最柔美、最洁白的一面，它将自己生命诠释得很壮美，它很努力地完成了对自己生命的责任，即使在世人面前舞动的时间很短很短……

像雨，即使一点一滴地降落，但是它洗净了世界的很多污浊，它的心很透明，很纯洁，它让自己埋葬在世界最宽广的怀抱，它永远记得自己出生的地点，它记住了给自己生命的大地，它尽了生命的责任而骄傲。

魔力悄悄话

转为积极情绪并长久保持着这种状态的关键在于为自己创造幸福、宁静的一刻。越多，你就越幸福。

责任提升执行力

有这样一家企业，他们生产的产品叫摩擦盘，是一种圆形的像烟灰缸一样的产品，卖给摩托车的发动机厂配套。有一天发动机厂的客户打电话过来，告诉他们的销售经理，王经理啊不得了啊，你们那个摩擦盘变形了，你看变成多边形了！

由于摩擦盘的变形将会导致生产线的停转，一个大规模化的企业生产停产一小时将会导致十六七万元的损失，这也算是一个危机。好在他们的部门配合协作精神比较好，所以销售部、设计部、工艺部、材料部、质量部几个部门的人坐下来解决这个问题，首先质量部的张部长开始说话了，这是很可能是设计部的问题，因为前段时间不是刚刚进行了设计改进么；于是设计部的高部长紧接着就说了，不是我们设计的问题，我们的设计是经过反复验证的，是绝对没有问题的，很大的可能是工艺流程有问题，是不是哪个环节疏忽了。

接下来工艺部的陈部长听到了，怎么会呢，我们的工艺流程检查那是相当严格的，在这个行业当中兄弟工厂都是非常了解的，我看应该是原材料的问题。就这样大家是公说公有理婆说婆有理，其他人听得晕晕乎乎的。

下午五点多钟的危机信息，一直争论到晚上十点多钟，讲的我们的销售经理非常的着急。

这个时候销售经理说，不好意思各位，你们是技术专家我是外行，不过时间不等人，请允许我这个外行说两句话。我就想我们这个产品变形了，只有两种可能，一种就是我们的产品强度不够，而我们客户的发动机正常；另外一种呢是我们的产品实际是合格的，而我们客户的发动机异常。

于是我们的销售经理就开始说了，既然如此，张三请你拿这批出问题的样品和以前没有出问题的样品，做强度的拉伸对比。如果强度不够你在

第一时间打电话告诉我们。如果我们产品强度是合格的，那么请问大家这个信息第一时间要告诉谁？告诉客户，所以我把客户的联系人电话号码告诉你，不用等会议结束，你马上行动。

张三走了以后，我们的王经理继续说了，假设，一个关键词叫假设，假设我们的产品强度是不够的，那么只有两种可能，一种是我们的产品的材料成分有问题，一种就是我们加工的工艺有问题。凡是工厂的朋友你都知道，产品有问题，要么就是材料的问题，要么就是加工的工艺有问题。既然如此我们的销售经理就说，李四请你赶快拿这批出问题的产品去做材料理化分析，无论如何哪怕半夜都要拿出结果。

李四走了以后销售经理继续说，假设，各位又出来一个假设，我们突然发现一个高效的执行者，往往会建立在合乎逻辑的假设前提下，做出相应的行动方案。

假设我们的材料是没有问题的，那就是我们的加工工艺有问题，那公司的内部工艺随时有着工艺纪律的检查，那是非常严格的。可是有一道热处理工艺，是我们一个家庭作坊，一个小工厂给我们配套的，各位伙伴越是外面小工厂，他就越不受你掌控，所以他就越容易发生问题。因此我们重点的方向要对外，于是我们的王经理说，王五，请你赶快去找那个热处理场的小老板，把他找到看看我们最近加工的零件，有什么工艺上的变化。

事实查明这家热处理厂擅自改变了零件冷却的工艺，原来油冷他改成了空冷，因此强度下降，韧性增加，所以变形。问题找到了，所以解决问题的方法也就自然出来了。

类似这样的危机在我们企业当中时常有发生，是不是也像案例当中的一样，从下午五点解决危机一直持续到晚上十点，而且是危机仍然没有解决。

请问这样的企业执行力强还是不强？各位我们思考一下，问题为什么拖了这么长的时间仍然没有解决？因为部门与部门之间始终在相互的推卸责任，他们没有做到自我反省，没有做到内向型思维模式。所以他们把充足的时间都浪费在了制造理由寻找借口上面。各位想想这三句话：责任的承担是成长的开始。责任的承担是解决问题的开始。责任的承担是真正执行的开始。

最后问题的解决人是谁？是销售经理，他是怎么解决的？他把复杂的问题简单化了。

　　他站在当事部门的角度进行自我分析，自我找原因，自我解决问题。果然最终很快找到了解决问题的关键点。如果每个部门在下午五点时第一时间都能从自身出发寻找问题的原因，并且进行解决的话，时间还会拖得那么久吗？损失还会不断地增大吗？所以时间节约了，问题解决了，是不是就是我们执行力增强和提升了呢？

魔力悄悄话

　　人活得快乐，就必须要有一个好心态。有位哲人说得好，"既然现实无法改变，那么只有改变自己。"

责任感是对人的基本要求

在从事一定工作的人应当具备的品质中，责任感，是那样朴素而又十分可贵。忍着病痛走访贫苦百姓的焦裕禄，迎着洪水探察灾情的张鸣岐，以微薄收入供养藏族孤儿的孔繁森……先进人物的思想和事迹，无不具有一个共同的特点，就是对国家、对人民、对事业有着高度的责任感。"不患无策，只怕无心。"一个人的学识、能力、才华很重要，但缺乏责任感，就不堪大用。即使小用，也令人担心。

有没有责任感，是对一个人的基本要求。不管在工作还是生活中，有责任感的人能够对自己做出的事情负责，能够不遗余力地完成属于自己的任务。同时，责任感也反映了一个人的精神境界。我们一般可以看出，有责任感的人，绝不是个人中心主义者，他人的、集体的、国家的利益总是先于自己的利益。在家庭生活中，他们孝敬父母，呵护家人，毫无怨言地挑起最重的担子。在社会生活中，他们对属于自己的义务总是全力以赴，从不会袖手旁观或推给别人。责任感也是一个人的思想品德的表现。有责任感的人，他们的价值观是在帮助别人获得幸福中得到满足，而他们自己却少有索求，因而表现在实际行动中，有责任感的人总是顾全大局、忍辱负重、任劳任怨、助人为乐、谦逊礼让。他们表里如一，心境澄明，人前人后一个样，有无名利一个样。他们从不追名逐利，但对于失误、不足却又不推诿、不塞责。

经验告诉我们：凡是那些为他人、为社会、为国家做了好事而又不期望得到回报的人，通常也是会以高度负责精神投入工作的人。人们都熟悉的白衣天使南丁格尔，她的伟大来自平凡。她把护理工作看成是一种关乎人的尊严乃至人类文明的神圣事业，而这些恰恰是通过细致周到的关爱体现出来。责任感不仅仅表现在大的方面，责任感落实到日常工作中是责任心。

在工作中有责任心的，从不会忽略工作中的小事。系于责任就没有小事。因为没有处理好铁轨上的一颗道钉而使一列火车倾覆，因为没有检查到扔出的烟头是否熄灭而毁掉一片森林，因为随意的一张处方而危及了一个人的生命，这些人对小事没有足够的重视，没有尽到自己应有的责任心。这样的人我们敢对他委以重任吗？

现实生活中，缺乏责任感的到处都是。有些人把应承担的责任抛于脑后。对父母看到的是父母的财产，是父母的劳动力，是父母的可为之服务的人际关系，是父母的可供之使用的"使用价值"，而从未想到"子生三年，然后免于父母之怀"，自己成长饱含父母艰辛，从而尽自己应尽的责任，而不是对父母大呼小叫、随意呵斥，饭来张口，衣来伸手还不够，还嫌父母给的钱少。谈恋爱，叫作"玩"朋友，将纯贞的爱情变成可为之猥亵的玩物，甚至变为只用以满足动物性欲需要的行为，今天交一个女朋友，没过两天又换了一个，交往没几天就住在一起，出了事情却甩手不管，这样的人根本谈不上"两情若是久长时，又岂在朝朝暮暮"的纯洁感情，从而也谈不上终身伴侣间彼此相应承担的庄严的社会责任。对朋友、对邻居、对同事，无信不义，尔虞我诈，什么管鲍之交，什么伯牙之情，什么"义薄云天"，视为可笑，答应朋友的事情总是在推诿，对邻居、同事，总是能蒙就蒙能骗就骗，不断食言。一言以蔽之，一切以自我为中心，以"人不为己，天诛地灭"为准则来行动。这样的人是不会在生活中、工作上有什么成绩的，他们的存在对社会也是无意义的。

魔力悄悄话

责任感无处不在，张开慧眼，看清他的责任心。一个有责任感的人一定是值得依赖的。

第六章
努力尽到自己的责任

　　责任是每一个人对自己、对他人、对社会、对国家应做的分内的事。责任心是一个人综合素质的体现，是一个人得以在社会上立足所必备的第一条件。一个有责任心的人，是一个灵魂高尚的人，一个受人尊敬的人，一个有发展前途的人。人生不同的阶段会有不同的任务，这就必须尽责尽职。

闯祸的男孩

1920 年的一天，美国有一位 12 岁的小男孩与小伙伴们一起踢足球时，一不小心把足球踢到了邻居家的窗户上，只听"啪"的一声，窗玻璃被击得粉碎。

一位老人立即从屋里跑出来，很生气地大声责问："是谁干的？"小伙伴们吓得纷纷逃走了；只有这个小男孩走到老人面前，低着头向老人承认错误，并请求老人的宽恕。

然而老人却十分固执，坚持要求小男孩赔偿损失。小男孩虽然很委屈，因为那不是他故意要那样做的，但他还是同意了。

小男孩回到家，怯生生地将事情的经过告诉了爸爸，爸爸并没有马上拿出钱来给他，而是板着脸坐着一句话也不说。

妈妈为小男孩说情，过了很久，爸爸才冷冰冰地说道："钱家里是有的，也能拿得出来，但祸是他闯的，就应该由他自己对自己的过错负责。"

然后，爸爸拿出钱，很严肃地对小男孩说："这 15 美元是我借给你赔人家的，记住，是借给你的，不是给你的，你必须想办法一分不少地还给我。"小男孩点点头，从爸爸手中接过钱，飞快地跑去老人家，把钱赔给了老人。

从第二天开始，小男孩一边刻苦读书，一边利用空闲时间开始打工挣钱。

由于他人小，力气也小，干不了重活，只能到餐馆帮别人洗盘子刷碗，有时还会捡破烂去卖。

经过几个月的努力，他终于攒够了 15 美元。他自豪地把钱还给了爸爸，爸爸很欣慰，拍着他的肩膀很郑重地对他说："一个能为自己的过失行为负责的人，将来一定会有出息的。"

这个男孩，就是后来成为美利坚合众国总统的里根。

里根在回忆往事时，深有感触地说："那一次闯祸之后，使我懂得了做人的责任。"

父亲要求一个年仅12岁的小男孩为自己的过失行为负责，是要培养他的责任心。

在家里，你是父母的宝贝。也许当你犯了错误时，父母并没有如此严格地要求你。今天，看了这个故事后，你有何感想呢？

魔力悄悄话

人的一生中，难免会有过失。犯了错误不要紧，重要的是你要勇于承担你应当负的责任，并努力弥补你的过错。

人生的竹篓

从前，有个人总觉得自己的日子过得非常沉重，生活压力太大，想要寻求解脱的方法。

一天，他听说深山里有一位道行很深的禅师，于是他不辞辛劳地来到深山，向禅师求教。

禅师听完他的诉说，一言未发，只是给了他一个竹篓，让他挎在胳膊上。

然后指着一条道路说："每当你向前走一步，就捡一颗石子放到竹篓里，然后看看会有什么感受。"

于是他出发了，每向前走一步，就弯腰捡一颗石子，没走多远，他的竹篓里就装满了石头。

然后，他来到了禅师的面前，这时禅师就问他："你这一路走过来都有什么感受？"

他答："越来越重。"

禅师再问："知道这竹篓里装的是什么吗？"

他迷惑不解，这不是石头么？

禅师替他回答："这竹篓里装的是你的家庭、事业、名声、财富、朋友等等你所拥有的一切。"

禅师顿了顿又补充道："每一个人来到这个世上时，都带着一个空竹篓，我们每往前走一步，就会从这个世界上捡一样东西放进去，因此你越往前走，捡得就越多，你的竹篓会越来越满，你便会感到越来越沉重，然后就有了不胜重负的感慨。"

他又问："那怎样才能减轻这人生的重负呢？"

禅师反问道："那你是否愿意将你所拥有的一切全部舍弃，或者舍弃其中一二呢？"

他沉默了。

尽责——了却君王天下事

禅师又说："每个人的竹篓里面装的，都是自己从这个世上寻求来的东西，一旦拥有它，就要对它负责任。"

当你担负起责任的时候就一定会感到有压力，而你把负有责任的"石头"全部丢弃，就能获得快乐吗？

魔力悄悄话

享受所得的同时就必须担负起相应的责任。做好担负责任的准备吧！

第一份工作

正当妙龄的她毕业后到东京帝国酒店做服务员，这是她人生中获得的第一份工作，可想而知她有多么高兴！

第一天上班，她几乎是唱着歌去的。

想象着能穿着干净漂亮的制服，成为这个大酒店的一员，她快乐得简直要飞起来了。但是令她万万没有想到的是，她的上司安排给她的工作竟然是洗厕所。而且上司对她的工作质量要求特别高：必须把马桶洗得光洁如新！

站在那里，她犹豫了："怎么办？是接受这个工作，还是另谋职业？自己是否真的要做一个洗厕所的工人？"她在心里不断地问自己。要知道，她从来没有干过这样的粗活，她的理想是要做一位东京帝国酒店的白领丽人啊！

一位前辈看到她在犹豫，什么也没说，只是不声不响地为她做了示范。

他仔仔细细地把马桶擦洗了一遍又一遍，直到真的光洁如新为止。接下来他做了一件让她瞠目结舌的事：他竟然从马桶中舀了一碗水一口气喝了下去！

她突然从前辈对工作的态度中，明白了什么是工作，什么是责任心，她知道自己应该怎么做了，她暗暗下决心："就算一生都洗厕所，也要做一个洗厕所最出色的人。"她从此迈出了她职业生涯的第一步，也是很漂亮的第一步。

凡经她清洗的厕所，一向是一尘不染，光洁如新的。

光阴转瞬而过。多年以后，这个少女早已经不再是一个洗厕所的工人了。

37 岁的她成了日本政府的邮政大臣，而且是当时的日本内阁成员中最年轻的阁员，也是唯一的一位女性大臣。

她就是野田圣子。

野田圣子坚定不移的人生信念，表现为她强烈的敬业心：就算一生洗厕所，也要做一个洗厕所最出色的人。而这种强烈的敬业精神，说到底，是对工作最强烈的责任心。

魔力悄悄话

野田圣子的敬业心与责任心，使她拥有了一个成功的人生，使她成为幸运的成功者、成功的幸运者。其实，每个人的成功都不是偶然的，拥有强烈的责任心是获得成功的首要条件。

一次心理调查

几年前，美国著名心理学博士艾尔森走访了一位商界精英——纽约证券公司的金领丽人苏珊。苏珊来自中国台北的一个音乐世家，她非常喜欢音乐，大学时读的却是工商管理专业。尽管不是很喜欢，但她仍然学得很认真，每学期各科成绩都是优。毕业时，她因成绩优异被保送到麻省理工学院，最终获得了经济管理的博士学位，如今已是美国证券界风云人物。

艾尔森博士问道："请问你喜欢你目前的工作吗？"

苏珊叹了口气，不无遗憾地说："老实说，迄今为止，我仍说不上喜欢自己的工作。如果能够让我重新选择，我会毫不犹豫地选择音乐，但我知道那只能是一个美好的'假如'了，我只能把手头的工作做好。"

艾尔森博士很惊讶，接着问道："你不喜欢你的专业，为何你学得那么棒？不喜欢眼下的工作，为何你又做得那么优秀？"

苏珊目光坚定地回答道："因为我在这个位置上，这里有我应尽的职责，我必须认真对待。不管喜欢不喜欢，这都是自己必须面对的，都没有理由草草应付，都必须尽心尽力，这是对工作负责，也是对自己负责。"

艾尔森博士终于找到答案了：他所调查的100名各领域的杰出人士都说，他们所从事的职业，并非他们最喜欢的，至少不是最理想的。完全是责任心促使他们对所从事的事业满怀崇敬和热爱，以高度的热情和事业心投入到本职工作中去，从而取得了工作上的成就，同时实现了自我的超越。

一个人能在自己不太喜欢的领域里做得如此出色，除了聪颖和勤奋，还必须要有强烈的责任感。你在学习中，可能也有自己不喜欢的科目，你有没有把这些科目的学习当成自己的责任，全力以赴去学好呢？

小鸣鸣是爸爸妈妈的独生女儿。爸爸妈妈都很爱她。他们过着幸福的生活。

但是，在鸣鸣还不到10岁的时候，不幸的事情接二连三地降临到她身上，先是爸爸去世，不久，妈妈又因风湿性心脏病卧倒在床。这时候，鸣鸣勇敢地担起了家庭的重担，同时她也没有耽误自己的学业，还用自己平时积攒的零花钱交了学费。

在家里，她不仅要照顾妈妈，还要做所有的家务，做完了还要忙着写作业。这一切，鸣鸣并没有告诉老师，直到有一天，老师家访时，才知道了鸣鸣的家庭状况。他很内疚，因为他曾经误解了鸣鸣，并且批评过她。

在一个雷雨之夜，鸣鸣的妈妈病情突然加重了，鸣鸣立即想办法把妈妈送进了医院。妈妈住院期间，鸣鸣仍坚持上学，还要跑到医院给妈妈送饭，然后就趴在病床上写作业。妈妈身体虚弱，鸣鸣还杀鸡熬成汤给妈妈吃，以增加营养。

妈妈看到鸣鸣小小的年纪，担子就如此沉重，为了不拖累鸣鸣，她决定自杀。幸亏被鸣鸣发现，及时阻止了妈妈的自杀行为。母女俩在病房里抱头痛哭，妈妈答应鸣鸣一定要坚强地活着。

鸣鸣在照顾妈妈的同时，丝毫没有耽误学习，成绩反而还越来越好，她写的小文章还在报上发表了呢！后来，鸣鸣又当上了大队长，臂上佩上了"三道杠"，可神气了！

鸣鸣小小年纪便如此勇敢地担起家庭的重担。请你想一想，是什么让鸣鸣如此坚强乐观、积极向上的呢？

魔力悄悄话

只有具备了强烈的责任心，你才能在身处困境时坚强乐观地去面对生活，交上一份满意的答卷。

80 年以后抵达的信函

武汉市鄱阳街有一栋大楼，叫"景明大楼"。这是一栋古老的六层楼房，始建于 1917 年，是由当时的一家英国设计事务所设计的。

1997 年，这座大楼在风雨中度过了 80 个春秋，虽然已经显得很旧了，却还是挺立在鄱阳大街上，人们照常在这座大楼里进进出出，做着各自的事情。有一天，大楼的业主突然收到了一封来自英国的函件，正是当时这座大楼的设计者———一家英国设计事务所寄来的。

他们在信中这样写道："尊敬的景明大楼业主们：景明大楼为本事务所 1917 年设计，设计年限为 80 年，现已到期。如果你们欲继续使用，那么大楼就是超期服役了，敬请各位业主注意安全。"

这封信函令所有业主震撼和感动，漫长的 80 年过去了，不要说设计者，就是大楼的施工人员，恐怕大都不在人世。但是，远隔重洋的英国设计事务所，却还有人在为一座 80 年前的建筑操心，还在守着一份责任、一份承诺，不忘提醒大楼的业主们，要安全使用！

这家英国的设计事务所，竟然还能主动为 80 年之前设计的建筑信守着一份承诺。如果没有高度的责任心，是绝对做不到的。你在平时的生活中，有时也会做出一些承诺，几天，几个月，几年，你有没有时常提醒自己记得这些承诺，并践行这些承诺呢？

魔力悄悄话

所谓承诺，就是要排除一切困难全力以赴去做到的事情，它不能因距离的遥远而被阻隔，更不可被岁月的流逝所淡化。

责任比金钱更珍贵

有一次，小福克斯的爸爸想把花园里的一座小亭子拆掉，改建成一座大一点的亭子。小福克斯很想看看工人们拆亭子，他说："爸爸，我想看看怎么拆亭子，你到时告诉我一声，好吗？"爸爸答应了他。

可是，小福克斯碰巧要离家几天。他跑去央求爸爸说："爸爸，你一定要等我回家后再拆亭子，好吗？"爸爸随口答应道："好吧，等你回来再拆。"得到爸爸的许诺之后，小福克斯很高兴，放心地出门了。

过了几天，小福克斯回家了。他吃惊地发现旧亭子已经被拆掉了，他马上伤心地哭了起来。爸爸问他："宝贝，你怎么啦？"小福克斯回答说："爸爸，你说话不算数。"

爸爸很吃惊地问道："我曾说过什么？"原来他早忘了自己曾经说过的话。

小福克斯说："你答应了我等我回来再拆亭子的，结果我还没回家，你就先拆了。"

爸爸听完以后，认真地想了想，就向儿子道歉："对不起，是爸爸错了，爸爸应该对自己说过的话负责。"然后他找来了工人，在原地盖了一座与原来一模一样的亭子，再当着小福克斯的面，把这个"旧亭子"拆掉，小福克斯终于看到亭子是怎样被拆掉的了。

后来，爸爸经常对小福克斯说："对自己的言语负责，这一点比万贯家财更为珍贵。"小福克斯长大后，成为英国著名的政治家，他以"言而有信"获得了政界很高的赞誉，他就是查尔斯·詹姆斯·福克斯。

爸爸不惜把拆掉的亭子盖起来再拆掉，以此来告诉小福克斯做一个"言而有信"的人是多么重要，而小福克斯也的确因此受益，因"言而有信"获得很高的声誉。曾经说过的话，你都负责任了吗？是不是也有"说话不算数"的时候呢？

有一个年轻人，大学毕业后去一家汽车公司应聘。他发现与他同时来应聘的还有三四个人，他们的学历都比自己高，而且，他们都是在他之前进行了面试，并且都没有成功。他心想，他们都不行，看来自己就更没什么希望了。

但他还是告诉自己，既来之，则安之。所以，他抱着试试看的心态，敲门走进了董事长办公室。刚一进办公室，他就发现门口地上有一张纸，立即弯腰捡了起来，又看了看，发现是一张渍纸，就顺手把它扔进了废纸篓里。做完这些之后，他才径直走到董事长的办公桌前，很有礼貌地说："董事长先生，您好，我是来应聘的。"

董事长立即说："很好，年轻人，你已被我们录用了。"

年轻人很惊讶，问道："董事长先生，我觉得前面几位的条件都比我好，您怎么反而录用了我呢？"

董事长回答道："年轻人，前面三位的学历的确比你高，而且仪表堂堂，但是他们的眼睛只能看见大事，而看不见小事。你的眼睛能看见小事，并且能为小事负责，我认为能为小事负责的人，自然一定能看到大事，也能为大事负责。一个只能看见大事的人，会忽略很多小事，是不会成功的。所以，我才录用了你。"

年轻人就这样进了这家公司，不久，这家公司就扬名天下了。

他，就是今天"美国福特公司"的创始人福特。他的福特公司改变了整个美国的国民经济状况，也使美国的汽车产业在世界上占据了重要位置。

顺手把一张渍纸扔进废纸篓里这样一个小动作，体现了福特能对身边小事负责任的好习惯，也是他综合素质的一个表现，因此机会之门随之向他敞开。事实证明，他的确成了一个成功的人。

魔力悄悄话

一个能看见小事，并习惯为小事负责任的人，也必能看见大事，并为大事负起责任来。这样的人，可以放心地委以重任；他也必将成为一个成功的人。

多一点点责任心

一天，在一个大商场里，人们正在悠闲地购物，突然从商场的仓库里蹿出浓烟和火苗，烟雾很快就弥漫了整个商场。人们都被吓坏了，大家赶紧往外跑，却发现怎么也找不到安全通道，不知道可以向哪个工作人员询问。有的人想赶快灭火，可是找遍了商场却没有发现任何消防灭火设施……

毫无疑问，这起火灾最后造成了非常严重的后果：54 人死亡，70 多人受伤，经济损失难以估量，对社会的负面影响更是无法用数字来估算。

后来经过调查，找到了导致这场特大火灾发生的直接原因：一、火灾是由于商场雇员于某在仓库吸烟后，没有掐灭烟头引起的；二、在此之前，商场没有及时整改火灾隐患，消防安全措施也没有得到落实；三、火灾发生当天，值班人员擅自离岗，因此未能及时疏散购物群众，最终酿成了悲剧。

事后于某是这样忏悔的："我不小心把烟头丢在仓库里，造成了这样的后果，我深感后悔。自己的防火意识太差。就这么一个小烟头，惹了这么大的祸。如果世界上有后悔药，就是用我的命去换，也值得。"

作为商场方面，我们不难想象事发前相关人员的想法："着什么急，不见得这两天就会出事，等等再说吧。"

值班人员擅自离岗时，心里或许也曾这样告诉自己："我只是离开一会儿，不可能离开一会儿就出事吧！"

这三方面的原因无一不是与员工的责任心有关，正是责任心的缺失，才导致了这场特大的灾难，给人们造成了无法弥补的伤痛和损失。

一个小小的没有熄灭的烟头，一些还没有落实到位的安全措施，一些员工的擅自离岗，造成了这样巨大的悲剧。说到底，是人的侥幸心理在作怪，也是相关人员缺乏责任心带来的后果。

有个年轻人，在一家石油公司上班，他的工作，就是检查石油罐盖有没有自动焊接好。大家都说，这个工作3岁小孩子也会做，因为实在太简单了。

年轻人每天都看着焊接剂自动滴下，沿着罐盖转一圈，再看着焊接好的罐盖被传送带移走。一天如此，两天如此，天天如此，真的是简单枯燥又乏味。

半个月后，年轻人终于忍不住了，他找到主管要求改换工种，但是主管没有同意他的要求。年轻人只好仍然重复那个3岁孩子都能做的工作。这时候，年轻人心想，既然换不到更好的工作，那就踏踏实实把这个工作认真做好。然后他就开始认真观察罐盖的焊接质量，研究起焊接剂的滴速与滴量来。很快，他发现每焊接好一个罐盖，焊接剂要滴落39滴，而经过周密计算，他发现其实只要38滴就可以将罐盖完全焊接好。那么这第39滴焊接剂有没有必要呢？为什么不能尝试把它改到只滴38滴呢？年轻人为此开始做了一系列的工作。

他在反复计算之后得出结论：38滴焊接剂就可以彻底将罐盖焊接完好，多出来的一滴是完全没有必要的。然后他开始动手实验、测试，最后，他成功地研制出了"38滴型"焊接机，也就是说，用这种焊接机，每只罐盖比原先节约了一滴焊接剂。他的研究成果很快得到公司的重视，并被推广应用到生产中去。就是这小小的一滴焊接剂，一年下来竟然为公司节约出5亿美元的开支！

这个年轻人就是后来大名鼎鼎的世界石油大王——洛克菲勒。

一个简单到3岁孩子都能做的工作，洛克菲勒却做得一丝不苟。如果他对工作没有责任心，肯定发现不了焊接剂的"秘密"！

魔力悄悄话

从平常的小事中去发现问题，并动脑动手解决问题，你的成长及你可能获得的益处，将远远超出你的期望。

注重细节

　　巴西海顺远洋运输公司"环大西洋号"海轮当年造成时，是装备相当先进、性能相当优越的。但是，令大家没有想到的是，就是这样的一艘船，竟然在一个海况极好的地方沉没了，船上 21 名船员全部遇难。

　　当救援船只到达出事地点时，救援人员望着平静的大海，怎么也想不明白，这样一个风平浪静的地方，怎么会有船毁人亡的惨剧发生？救援人员仔细搜索，发现在还在发着求救信号的救生台下面，绑着一个密封的瓶子，里面有一张纸条，上面有 21 种笔迹，记载着水手、大副、二副、管轮、电工、厨师、医生、船长等人的留言：他们有的是私自买了一个台灯用来照明；有的是发现消防探头误报警，拆掉了却没有及时更换；有的是发现救生阀施放器有问题，没有解决施放器的问题，却只是把救生阀绑了起来；有的是例行检查不到位；有的是发现跳闸，不检查故障而只是继续合上电闸；有的人闻到了不正常的味道，却没有引起重视；有的是值班时跑进了餐厅……

　　最后是船长麦凯姆写的话："发现火灾时，一切糟糕透了，我们没有办法控制火情，而且火越来越大，直到整条船上都是火。我们每个人都只犯了一点点错误，却酿成了船毁人亡的大悲剧。"

　　对于一个船员来说，"一点点的错误"看似无关紧要，但如果把每个船员所犯的错误加起来，却足以让当时先进又坚固的"环大西洋号"海轮船毁人亡。每个人的小错误叠加起来就成了大错误，平时做事，你是否也常常会有这样的心理，觉得自己犯一点点小错误无关大局呢？

　　有一个年轻人，他博士毕业后便去为克里门特·斯通先生工作。斯通先生白手起家，如今资产超过 6 亿美元。

　　年轻人在上班的第三天迟到了，正巧遇上斯通先生去公司巡视。他向斯通先生解释了迟到的原因，斯通先生听完后没有发火，只是问他："你是否对自己的一生百分之百负责？"这是个奇怪的问题，年轻人一时间不知该如何回答，便随口说道："我想，我应该是一个对自己一生百分之百负责的人。"

斯通先生听完，摇摇头严肃地说："这不是我要的答案，你应该回答得更准确一点。年轻人，你对自己的一生是百分之百负责吗？是或者不是？""嗯……我想……我不知道。""那你是否埋怨过别人？抱怨过这个社会对自己不公平？""有。"年轻人不安地回答。"既然是这样，那就表示你对自己的人生并没有百分之百负责。你要知道，百分之百负责包含了你必须承认那些发生在你身上的一切，好的或者坏的，这些都是你自己造成的，是由你自己的行为所引发出来的。"

年轻人觉得斯通先生说的这些话实在太古怪了，于是反驳说："交通不畅通，难道也是我一手造成的？"

"当然不是。不过，你要是早一点出发，就不会迟到了。"停了一下，斯通先生又接着说："如果你想取得真正的成功，你就必须学会停止抱怨，学会对自己的失误承担全部的责任。只有等你意识到这点了，你才能在你人生的任何一个阶段，做任何一件事情，都随心所欲。你明白我的意思了吗？"年轻人听完这番话后深有感触。

魔力悄悄话

每个优秀的人，部有一个共同的特点，那就是时时事事对自己负责任。

从小事做起

张先生最近遇到了一件烦心事，他因为工作的关系，要发一份文件给一个企业的老板刘先生，于是，他给刘先生写了一封邮件，发了出去，但奇怪的是邮件又被退了回来。

他又仔细检查了一下刘先生的邮箱地址，担心是否因拼写有误造成发送失败。但经检查，地址无误。于是他又发了一次，结果再次被退了回来。他如此反复发了几次，仍然没有成功。

没有办法，他只好与刘先生的秘书林小姐联系，请她帮忙看看是什么原因造成的，林小姐在查询以后回答说："刘先生的邮箱满了，等等再发吧。"

张先生心想清理邮箱的确需要点时间，于是只好安静等待。第二天，他想，邮箱应该清理过了吧，于是，又发了一次，结果还是被退了回来。第二天、第三天、第四天，他遇到的仍是同样的问题，邮件无一例外地全部被退了回来，他万般无奈，只好再次给林小姐打电话询问；林小姐的答复仍然是："刘先生的邮箱满了，等等再发吧。"

他不知道这封邮件何时才能发到刘先生的邮箱，他也不知道，刘先生的邮箱满了，而作为秘书的林小姐却多日没有清理，会有多少封邮件像他发的邮件一样，被拒之门外，其中有多少封是重要的邮件，那就更不清楚了。

清理邮箱的确是件小事，但邮箱满了导致无法收到邮件，可能因此而耽误了重要邮件的接收却是大事，因为这样很可能会影响企业的发展。同时，做好这些小事也是一个人责任心的体现。

从前，有一对麻雀兄弟，他们一起住在一个巢里。有一天，巢破了一个洞，大麻雀心想："不用我自己动手，弟弟一定会去修的。"然后自己就出去找小燕子玩了。小麻雀心里也想："不用我自己动手，哥哥一定会去修的。"然后跑出去找喜鹊玩了。后来洞越来越大了，大麻雀就想："巢都破成这样了，弟弟一定会去修的。"其实小麻雀心里也这样想："巢都破成这样了，哥哥一定会去修的。"结果兄弟俩都没有动手去修理。

很快就到了寒冷的冬天，风呼呼地刮起来，大雪纷纷扬扬地落下，天气冷极了，跟冰窖似的。麻雀兄弟一起蜷缩在不停地往里灌风的破巢里，冻得浑身直打哆嗦，还不时地喊着："冷啊！天气真冷啊！快冻死人了！"但是，兄弟俩谁也没有主动去修那个破洞。

大麻雀心想："这么冷的天气，弟弟怕冷，一定会耐不住的，他肯定会去修，我等着好了。"小麻雀心里也这样想："这么冷的天气，哥哥那么怕冷，一定会耐不住的，他肯定会去修，我等着好了。"因此，两只麻雀谁也没有动手，都只是把身子蜷缩得更紧些。

风越刮越大，雪也越下越大，天也越来越冷了。

突然，一阵大风吹来，麻雀兄弟住的破巢被吹到了地上。这可怜的兄弟俩，最后被双双冻死了。

魔力悄悄话

不要管别人怎么样，只有担负起自己该负的责任，你才能让自己得到锻炼，得到提高，受益的最终也将是你自己。

拒绝也是负责任

2000 年的一天，在一家刚创办的网络公司里，迎来了一个非常难得的大客户。对这样重量级的客户，公司经理非常重视，亲自接待。这个大客户带来了一份策划书，是一个相当大的项目，对这家新成立的网络公司来说，是一个前所未有的机会。大客户问公司经理：“请问这个项目需要多久可以完成？”经理回答道：“至少 6 个月。”客户对这个时间显然不满意，他脸上露出了为难的表情，接着问：“我们很紧急，4 个月行吗？”

经理认真想了想说：“4 个月的确做不到。”

客户仍不放弃，接着说：“如果 4 个月能够完成，那么我们给你加 50% 的报酬。”

但是经理想也不想就摇了摇头，坚定地拒绝了：“对不起，我们真的做不到。”因为按照当时的技术水平，4 个月的确是很难圆满地完成这个任务的，所以，即使追加 50% 的报酬，经理仍旧忍痛舍弃了这千载难逢的巨大利益。

然而，出乎意料的是，客户听了经理的一番话却开怀大笑，马上就在合同书上签了字，他对经理说：“对您如此认真的拒绝，我感到非常满意，因为这反映出您是一个很诚实和稳重的人，是一个很负责任的人。我相信在您的领导下，产品质量一定是很有保证的。”

这家公司后来成为全球最大的搜索引擎公司——百度网络公司，这位经理叫李彦宏，他在 2001 年被评选为“中国十大创业新锐”，2002 年和 2003 年连续荣获“IT 十大风云人物”称号。

一个刚成立的公司，需要生意，需要合作的机会，如果是你，面对如此高额利润的诱惑，是否还能让自己保持清醒的头脑，以负责任的心态面对客户呢？

有一次，深圳召开服装行业的展销会，吸引了世界各地的企业。

一家法国的服装公司也前来参展，他们需要提前在展销会上搭建一个大舞台。于是，他们找到了一家中国的建筑公司。为了争取时间，也为了保证质量，取得价格等方面的优势，他们另外还找了一家德国独资的建筑公司，他们要求两家公司各拿出一个方案来。

中国建筑公司为了赢得这笔生意，在商谈之前，就想方设法地摸清了德国建筑公司的方案，知道他们计划 18 天完成。他们仔细算了一下，这也恰好是他们搭建需要的最短时间。在没有其他优势的前提下，他们将策划书中的时间强制改为 14 天，这也意味着他们必须以超常的速度和强度，才能完成这个任务。他们认为，在当今这个高速发展的社会，又在这个以速度著称的城市里，自己已经胜券在握了。

但最后的结果却令他们大跌眼镜，客户竟然选择了那家德国建筑公司。更让他们想不到的是，他们还多给了德国建筑公司 6 天的时间，加起来是整整 24 天！

他们很不理解，于是前去询问法国服装公司为何要这样选择？法国服装公司解释道：他们在全世界许多大都市都参加过同样的展销会，所以他们很清楚，搭建好这样一个舞台至少需要 18 天，而中国建筑公司的计划书上却说只需要 14 天，他们认为搭建得一定不会很完美，而且他们对 14 天是否真的能完成表示怀疑，他们认为，中国建筑公司是不够诚实和负责任的，让他们缺乏安全感。

这家中国建筑公司为了在竞争中取胜，在拟订方案时，强制压缩完成时间，以为凭借速度就可以战胜对方。事实证明，人家追求的并不是单纯的速度，而是你是否诚实和足够负责任，是否能让他人获得安全感。

魔力悄悄话

倘若为了眼前的利益，而做自己力所不能及之事，后果可想而知。诚实和负责任是取得成功最好的保障。

认真对待每件事

有一个动物园，用一圈栅栏围起来一块空地，里面种了树，栽了草，这就是园里几只袋鼠的家了。

可是有一天，动物园的管理员突然发现，袋鼠竟然全部从栅栏里跑出来了，正和邻居长颈鹿一起玩耍！管理员立即报告了动物园的园长，于是，园长召集大家开会讨论，查找原因。大家都说，一定是栅栏的高度太低了，袋鼠从里面蹦了出来。最后大家决定，把栅栏的高度加高一倍。这样一来，栅栏就有 20 米高了，大家认为这样袋鼠一定跑不出来了。

可是没想到，栅栏加高的第二天，大家看见袋鼠还是全都从自家跑了出来，和长颈鹿玩得正欢呢！大家再次讨论，一致决定再加高 10 米，于是，栅栏就有 30 米高了。

然而，在加高栅栏的第二天，所有的袋鼠还是全部跑了出来！这下可把全园的管理员紧张坏了，大家决定一不做二不休，把这个栅栏加高到 40 米。大家都想，加到这么高，袋鼠这次一定跑不出来了！但是，第二天，袋鼠还是照常跑出来和长颈鹿聊天，长颈鹿问道："朋友，你看这些人又在研究你家的栅栏了，他们会不会再把这个栅栏加高啊？"

袋鼠回答道："这很难说，如果他们再继续忘记给我们把门关上的话。"

管理员没有关门，导致袋鼠跑了出来，而全园的人又没有彻查原因，就轻易下结论加高栅栏，这都是不负责任的表现。

小事情的失职常常会带来大损失。所以，从现在起，认真负责地对待小事情，一点一滴地培养你的责任心，养成负责任的好习惯吧。

从前，有个手艺很好的木匠，他干活非常认真负责，做事总是一丝不苟，他一生中盖了很多座漂亮的房子。

很多年过去了，他年纪大了，不想继续工作了，他决定退休。于是他告诉老板，说自己要离开建筑行业，回家与妻子儿女享受天伦之乐。

可是，木匠手艺实在太好了，老板不舍得让他走，再三挽留。但是木匠已经下定了决心，丝毫不为所动。老板没有办法，只好答应了他的要求，但是他请求木匠说："请你在走之前，再帮忙盖最后一座房子。"老木匠答应了老板的请求。

可是这次在盖房的过程中，老木匠一反平常严谨的工作作风，用料远不如从前严格，而且，做出的活计也很粗糙，全然没有往日的水准了。

老板看见了，就委婉地提醒他，请他做得细致些。但老木匠照样没有丝毫改变，因为他的心，已经全然不在工作上了。

老板见老木匠如此，也只好不再说什么了。

很快，房子就盖好了，老板拿出这所房子的钥匙，交给老木匠说："你为我工作了一辈子，我很感谢你，这幢房子，是我送给你的礼物。"

老木匠愣住了，脸立即变成了猪肝色——他太羞愧了，他这一生盖了多少好房子呀，最后却为自己盖了这样一幢粗制滥造的房子！

老木匠一生中盖了那么多漂亮的房子，最后却为自己盖了一幢粗制滥造的房子，是因为心已经不在此了，所以就更谈不上责任心了，只想着"赶快做完了好交差"。只求速度不求质量，没有站好最后一班岗。

魔力悄悄话

做任何事情都不要有"交差了事"的心理，万不可马虎，因为这都是为自己积累知识和经验，这些都将是你人生路上的财富，否则，苦果只能由你自己来品尝。

责任心的重要性

蔺女士是一个很注重生活品质的人。为了喝到又方便又干净的纯净水，她特意到商场专门选购了一款高档的饮水机。商场很快派专人送货上门。安装完毕后，他们告诉蔺女士，现在这台饮水机可以直接使用了。

蔺女士很高兴，无论是平常喝水还是做饭，都要用饮水机里的水。

可是没过两个月，她觉得这水的味道越来越怪了，而且可以明显看到上面浮着一层泡沫！这是怎么回事呢？难道好几千元买回来的饮水机质量有问题？

蔺女士于是打电话找到商场，商场很快派了维修人员来检查。饮水机被打开了，所有人都非常吃惊地发现饮水机内部的部件全都没有安装，全部在一个个塑料包装袋里装着，放在内腔里，里面散发出一股很大的霉味！也就是说，这是一台根本就没有安装的饮水机，只是从外面接好了水源，插上了电源！水的怪味就是塑料袋泡出来的味道！

蔺女士想起两个月来就是喝得这样的水，非常生气，于是她要求商场给予赔偿。但是商场的维修人员回去之后，却迟迟没有答复，蔺女士打电话过去询问，对方也只是说已经上报，领导正在研究。

这样的态度让蔺女士更加生气，他们不负责任的安装，已经给她造成了伤害，现在，还不积极赔偿相关的损失。她向当地新闻媒体曝光了此事和这家商场，然后又向法院正式提起诉讼，要求商场给予相关赔偿。

这件事立即在当地引起了强烈的反响，后来这家商场的营业额直线下降，不久就停业了。

送货人员没有安装就让顾客使用，说明他个人没有责任心；商场不仅不主动尽快向顾客做出赔偿，还一再拖延，表明这家商场的员工整体责任心欠缺。这样一家不负责任的商场，说到底，是没有智慧的，它最后倒闭的结局也就不难预料了。

从某种意义上说，责任心实际上是一个人，或者一个公司，能够立足于社会所必须具备的最基本的条件。

年仅 3 岁的小迈克无论如何也没有想到，正是爸爸妈妈的双手，让他的生命得以延续！

爸爸很爱迈克，他常常会用手把他举过自己的头顶，听他"咯咯"的笑声。这时候，妈妈总是很开心地看着他们父子嬉戏玩耍。爸爸还喜欢带他出去玩，让他骑在自己的脖子上，这样，迈克就变高了，就可以看到许许多多的他原本看不到的新鲜事情。他们真是幸福的一家人。那个夏天，爸爸妈妈带他去梅里雪山游玩，一路上迈克都很兴奋，小迈克觉得自己就是世界上最幸福的孩子。为了更好地欣赏风光，爸爸妈妈带他坐上了观光的高空缆车。从高空鸟瞰，风景尽收眼底，三个人都高兴极了。突然，缆车开始剧烈地摇晃起来……

就在那一瞬间，大家都意识到，灾难降临了！缆车掉了下来！

因为离地面的距离实在太高了，营救人员都认为这个缆车里一定没有生还的人。出乎意料的是，缆车里却有一个幸存者——年仅 3 岁的小迈克！更让人惊叹的是，小迈克仅仅只受了点皮肉伤！

一个营救人员说："缆车坠落时，是他的爸爸妈妈一起将他高高举了起来，用自己的身体挡住了缆车坠落地面那一瞬间致命的撞击。"爸爸妈妈将走向迈克的死亡之神挡在了身下，小迈克逃过了一劫。

这让在场所有的人都为之震撼！这就是父母，在生命的最后一刻，仍旧没有忘记保护孩子的责任。在最危难的瞬间，用自己的双手托起了孩子的生命。

魔力悄悄话

爱是责任，责任是爱。亲情缔造的责任让我们感动，友情连接的责任让我们幸福，爱情构筑的责任让我们忠诚。

责任无价

他，是大连市一名普普通通的公交车司机，一直兢兢业业地工作。每次出车，他都会认真仔细地检查车况，以尽量避免行车过程中出现任何故障。开车时，他从来都是小心谨慎，因为他知道，他的车上满载着乘客。城市的道路上，到处都是川流不息的车辆和行人，他必须对他人的生命安全负责任。

那一天，天气很好，他和往常一样，检查完车辆以后，开着车上路了。随着站点一个一个地被抛在身后，他车上的人也越来越多。突然，他感到胸腔里一阵撕心裂肺的绞痛，让他几乎不能呼吸。凭借常识，他知道，他的心脏病发作了！而且，这一次，病情之重，是以前从来没有过的！他想到了正在行驶的公共汽车，想到了满车的乘客。于是，他用尽全身的力气，把车慢慢停靠到路边，拉下了手动刹车闸。待到车子停稳之后，他把车门打开，让乘客可以安全下车；最后，他还不忘熄灭了发动机。

做这些事情，他仅仅用了一分钟，但对于此刻的他来说，却是走向生命终点的最后一刻！做完这三件事后，他的头趴在方向盘上，永远地停止了呼吸。

他只是一名平凡的公交车驾驶员，在生命的最后一分钟里，他把对别人负责看得比自己的生命还重要。也正因此，许许多多的人记住了他的名字——黄志全。

在平凡的岗位上，只要你有一颗为他人、为集体负责的心，一样可以做出惊天动地的事来。

电影《背起爸爸去上学》讲述了这样一个真实的故事：

石娃和他的爸爸、姐姐一起生活在一个贫穷的山区农村里。他从小就失去了妈妈，家里很穷。到了石娃该上学的年纪，爸爸无力负担姐弟两人的学费，他和姐姐只有一个人可以上学。爸爸万般无奈之下，用一把铜勺决定了两个人的命运——石娃上学，姐姐辍学。

从此，石娃步入了学校，而姐姐则代替已经去世的妈妈操持家务，即使这样，家里的日子仍旧非常窘迫。石娃是个很聪明的孩子，学习也很刻苦，老师非常喜欢他，多次为他垫付学费，鼓励他好好学习，这一切都促使石娃克服了种种困难，更加刻苦地学习。石娃还获得了全国奥林匹克化学竞赛的一等奖呢！

后来，为了给石娃交学费，姐姐再次做出了牺牲，早早地出嫁了，家里只剩下爸爸和石娃两个人。石娃16岁的时候，以优异的成绩考上了省师范学校，正当他拿到录取通知书时，不幸再次降临，爸爸因中风瘫痪了，从此卧床不起。

很快就到了开学的日子，石娃决定把爸爸送到姐姐家里去。可山里有个习俗，父母不能和嫁出去的女儿生活在一起。所以爸爸坚决不去。而且，他竟然向村里申请，要做"五保户"，石娃知道后，断然扔掉了录取通知书，他对爸爸说："我就是不上大学，也要把你养活！"

坚强的石娃谢绝了乡亲们的帮助，最后跟爸爸商议决定，背起爸爸，走出山村，走过马莲河，走进省城的校园，开始漫长而艰辛的求学之路……

俗话说，穷人的孩子早当家。石娃在那样艰难困苦的环境里，仍能刻苦努力地学习，取得优异的成绩，还考上了师范学校。当父亲面临无人照顾时，他毅然地背起父亲走进校园，一面继续求学，一面担负起照顾父亲的责任。他背起来的，是"爱"的责任。

魔力悄悄话

作为子女，在家里首先应尽的责任，便是孝敬父母、听父母的教导，在他们需要帮助的时候，全力以赴照顾他们。这是每个人的责任。

时刻记得自己的责任

2006 年 11 月 14 日，一个飞行员跟往常一样，驾驶着歼击机离开跑道，执行例行飞行任务。飞行很顺利，半小时后，他准备返航。战机开始下降，已能隐约看到前方的跑道。突然，一群信鸽高速撞向飞机，发出"砰"一声巨响。随后，飞机剧烈地抖动起来，并以每秒 11 米的速度下坠——发动机在空中熄火了！

此时，如果跳伞，飞行员就能顺利地保住自己的生命。但是，他看到了飞机下密密麻麻的村落，而他的飞机上还有 800 多升燃油和 100 多枚航弹，飞机一旦失控，就会偏离航向，一头扎进村庄，后果不堪设想！

时间在一秒秒流逝，险情在一步步加剧。此时，只要伸手拉动红色拉环，飞机弹射救生系统就会在瞬间将他送出险境。但是，他没有这样做，他毫不犹豫地选择了迫降。

起落架缓缓收起，飞机急速下降，最终迫降在一片农田里. 并像箭一样向前冲去。当飞机冲至距离第一接地点 39.3 米处时，不巧被高出地面 3 米的水渠护坡阻挡。最后一刻，他还试图让飞机再次跃起，跨过这道水渠。但是，一切都太晚了，飞机一头撞上水渠护坡，随即爆炸解体……

最后 16 秒，他有三次跳伞机会，但是，他都放弃了，他把生的希望留给群众，用生命谱写了一曲感天动地的英雄壮歌！

他，就是我国优秀的空军飞行员李剑英。空军党委为他追记了一等功，并追授功勋飞行员金质奖章，这是祖国和人民对飞行员的最高褒奖。他，当之无愧！

李剑英在 16 秒的时间内做出了他人生中最重要的抉择——当生命与责任发生冲突时，他选择放弃生命，承担责任，他用自己的壮举书写了一个大大的"人"字！用自己的生命诠释了一位军人对祖国、对人民的责任！

做一个有责任心的人，时时刻刻都要记得自己肩上的责任和义务。也只有承担起了我们应担当的责任，人生才会更充实、更有价值。

古时候，洪水泛滥，人们流离失所，过不上安稳日子。为了让人们能过上安定的生活，舜帝派大禹去治洪。

大禹一去就是 13 年，为了治理洪水，他三过家门而不入，深受百姓爱戴。

第一次是 4 年后的一个早晨。大禹在治水途中路过家门，听见母亲的骂声和儿子的哭声，大禹想进去劝解，可又怕惹恼了母亲，唠叨起来没完，耽搁了治水，于是他就悄悄地走开了。

6 年后，大禹第二次经过家门。那天中午，他刚登上家门口的小丘，就看见他家的烟囱冒出了袅袅炊烟。庭院里传来了母亲与儿子的笑声，大禹知道他们过得开心，就放心了。为了治水大业，大禹绕过家门，向工地奔去。

又过了 3 年，一天傍晚，大禹第三次路过家门口。突然间下起了滂沱大雨，大禹只好来到自己家的屋檐下避雨。隔着墙壁，只听见屋里母亲在对儿子说："你爹爹治平了洪水就回家。"大禹听得非常感动，原来，家人是如此支持与理解他，于是大禹更坚定了治水的决心，立刻又转身上路了。

大禹的这种大公无私、对百姓负责的精神受到了人民的赞扬，也为舜所重视。舜在晚年时举荐大禹为继承人，并把首领的位置禅让给大禹。

魔力悄悄话

大禹为了治水大业，"三过家门而不入"，不仅体现了舍小家为大家的精神，更体现了大禹敢于承担责任，并千方百计完成舜交给自己的任务的敬业精神。

让生命有意义

从立下支教的愿望，到踏上支教的征程，陈苏整整用了 3 年时间。这个愿望从他本科毕业坚持到博士在读。终于，他成为我国第一位参加研究生支教团的博士研究生。

当时哈工大招募志愿者，海报上有一句话："向西追寻梦想，奉献星火燎原。"陈苏看到这张海报，觉得这就是为自己写的，他说："我有责任去，我必须去！"因为他的强烈要求，他去了山西省浮山县最偏远的寨圪塔乡初级中学，任该校初一年级英语课、历史课老师。他用一年时间带领支教队员将"我的成才路"报告会开遍浮山县的所有中学，从精神上给予孩子鼓励；他用一年时间为学生朗读了长达 100 万字的小说《平凡的世界》；他用一年时间手把手教会寨圪塔乡中学所有老师使用计算机辅助教学实用技术……

在一年的支教生活中，陈苏不仅仅是教给学生书本知识，更重要的是给他们精神上的鼓励，按他自己的话说，是精神上的扶贫。让学生和学生家长切切实实地看到将来，只要努力拼搏，一切都不是梦。

在接受记者采访时，他说："选择支教，是背负起一种使命。这种使命感在投入工作之后，就变成一种责任心，化作心中一股浓烈的责任感。作为一名受过高等教育的大学生，我们应该多承担些社会责任。如果每个人都去承担一份责任，每个人都为社会贡献一分力量，我们这个社会就会更美好，更和谐。"

已经是博士生在读的陈苏，仍坚持要当一名志愿者，去边远的山区支教，是因为他心中有一种非常强烈的社会责任感。

一个人，只有将自己的前途和命运与祖国的强盛、人民的幸福紧紧相连，将自己的人生奉献给他的那个时代，生命才有意义。

布朗太太接到了一个男孩打来的电话，他说自己专门替人割草，他彬彬有礼地问布朗太太："尊敬的太太，请问您需不需要请人割草？"

布朗太太回答他说："不需要了，我已经请了专门的割草工。"

但是男孩并没有放弃，继续说道："太太，如果我来做，我会帮您拔掉草丛中的杂草。"

布朗太太的回答很干脆："我请的割草工已经做到了。"

男孩还在继续他的努力，他说："太太，我不仅会帮您把草坪里的草剪掉，清理干净，我还会帮您把走道四周的杂草也清除掉。"

布朗太太的回答虽然很客气，却很坚决："你说的这些，我请的那个割草工也都做到了，他做得很好，我很满意。谢谢你，我不需要新的割草工人。"男孩于是不再坚持，很有礼貌地挂掉了电话。

此时，男孩的室友很不理解，于是问他："杰克，难道你已经被布朗太太解雇了？"

这个叫杰克的男孩答："没有，我仍然每星期去为她割一次草。"室友更不理解了："你本来就是在为她割草，为什么还要打电话问他要不要割草工？"

杰克说："我打这个电话，只是想知道我究竟做得好不好，她是否满意。"

魔力悄悄话

杰克之所以要通过这样一种特殊的方式来检验自己的工作是否做得足够好，是因为他对工作有认真负责的态度。

持之以恒做到底

小海伦今年5岁了,是幼儿园中班的小朋友。有一天,小海伦跟着爸爸去花草市场,看到一盆开得很漂亮的小花,一下子就喜欢上了。她请求爸爸为她买下这盆小花,爸爸见她爱不释手的样子,就买下了这盆花,放在阳台上。

爸爸还告诉海伦,由她来负责照顾这盆小花,按时为它浇水。小海伦非常高兴地答应了。她每天都按时为小花浇水,还经常跑到阳台上,趴在花盆边,跟小花说悄悄话呢。爸爸看到小海伦对小花这样负责任,非常高兴,摸着小海伦的头,表扬她是个好孩子。

可是没过几天,爸爸发现小海伦给小花浇水的次数越来越少了,有时甚至好几天也不浇一次,小花明显没有以前那么鲜艳了,花瓣都卷了起来,连叶子都有些发黄了。爸爸就把小海伦叫到阳台上,问她:"宝贝,你给小花浇水了吗?"

小海伦低着头说:"没有。"

爸爸又问:"为什么没有呢?"

小海伦脸红红的,一句话也说不出来了,她心里也很惭愧啊!

爸爸说:"我们买这盆花的时候怎么说的呢?是不是讲好了由你来照顾它啊?你看看它现在都快枯萎了,如果再不浇就要死了,它心里该是多么难过啊!"小海伦立即承认了错误。从此以后,小海伦每天都坚持给小花浇水,小花又复活了,长得比以前更鲜艳、漂亮了,小海伦又可以每天跟它说悄悄话啦。

小海伦因为没有持之以恒地为小花浇水,差点导致小花枯死,但是她在爸爸的教育下。认识到了自己的错误,并马上改正,所以小花又复活了。你能把一件事情负责到底吗?

承诺了要做的事情,就要负起责任来,并且持之以恒做到底。

还没到放学时间,小汤姆就哭着提前回家了,送他回家的是学校的一个老师。

妈妈问老师："小汤姆怎么了?"老师说:"放学前,小朋友们排队,小汤姆却不老实,在队伍里钻来钻去的。后来还和一个小朋友打起来了,我批评了他几句,他就开始大哭,嘴里还直嚷嚷:'我没有打他,不是我的错。'"

妈妈向老师道过谢后,就把小汤姆拉进了屋里,温和地问他:"宝贝,你说说看,到底是怎么回事?"

小汤姆两眼还红红的呢,他撅着小嘴说:"我就是不小心和杰克撞了一下,杰克就使劲推我,差点把我推倒在地上,我就跑过去踢了他一脚,然后他就哭了,老师就批评我,但是没有批评他。"

妈妈搞清了事情的来龙去脉,就心平气和地问道:"难道你就一点责任也没有吗?"

小汤姆很委屈地说:"没有,不是我的错!是杰克先推我的!他先动的手!"

妈妈接着说道:"好,那么我先问你,如果你好好排队,不乱跑,你会撞到杰克吗?你不撞到他,他会来推你吗?"小汤姆低下头,不说话了。

妈妈接着说:"现在你再仔细想一想,你一点儿责任也没有吗?你是男子汉,记住,不要把什么责任都推到别人身上。遇到事情应该想想,为什么别人会这样对你,你是不是做了什么不对的事儿?"

最后,妈妈很认真地对小汤姆说:"你要学会对自己的行为负责。"

小汤姆使劲地点了点头。

小汤姆一开始很委屈,但是在妈妈的教导下,他终于意识到这件事情他自己也有责任,明白了要对自己的行为负责任的道理。

魔力悄悄话

任何事情的发生都是有一定的原因的,所以遇事时要多检查自己的行为,而不要一味地推卸责任。

满怀热情地学习

一个记者经过一片建筑工地时，看见三个泥瓦匠正顶着烈日在砌墙，三个人表情各异：第一个人紧绷着脸，很不高兴的样子，就像别人借了他的钱没有还似的；第二个人一脸麻木，不高兴也不悲伤；第三个人则是一副快乐无比的样子，一边干活一边还大声唱着歌。

记者觉得很奇怪，于是他走近第一个工人，问道："请问你在干什么呢？"这位工人头也不抬，很不耐烦地答道："你难道没看见吗？我在挣钱，要养家糊口呢。"这个工人一边说，一边胡乱地将水泥抹在砖块上。记者看看他砌的墙，实在太难看了，上面沾满了水泥斑点，就好像一个大花脸似的。记者又走近第二个工人身边问道："请问你在干什么？""哦，我在砌砖盖房子。"第二个工人似乎对这一切都习以为常了，他擦了擦汗回答道，然后继续干他的活。他砌的墙比第一个工人砌的好看多了。

最后，记者走向第三个工人，一阵欢快的歌声传过来，只见这个工人手脚麻利地干着活，将一块块砖码得平平整整的，那一小面墙砌得别提有多漂亮！记者忍不住欣赏了一会儿，然后问他道："朋友，请问你在干什么呢？"第三个工人抬起头，脸上洋溢着喜悦的笑容，他响亮地回答道："我在建构心中美丽的家园！"三年过去了，记者了解到三个工人的境况已经大不一样了：第一个因为砌的墙太难看，已经被解雇了，现在正在为工作发愁呢；第二个还是和以前一样，是一个普通的泥瓦匠；而第三个已经自己组建了一个小小的建筑队了！

处在同样的环境，干着同样的工作，享受同样的待遇，却对自己的工作有着完全不同的看法和态度，一段时间下来，他们的境况也大不相同。第三个工人把一个简单的砌墙的工作，想象成在建构心中美丽的家园，所以充满了热情，这又何尝不是他对工作高度负责的一种表现呢？

满怀热情地学习和工作，你将会发现那些你以为枯燥的事情，其实是挺有乐趣的，当你取得一个又一个小小的进步时，你将获得成就感，你会感到更加的快乐。

沃尔顿是一位油漆工的儿子，他学习很努力，也常常跟着父亲去给人刷油漆，他的刷漆技术很了不起呢！后来，他考上了美国著名的耶鲁大学，但是他家里穷，没有足够的钱让他上学，于是他决定自己打工挣钱上学。

很快，他获得了一个工程，负责给一栋房子的门窗刷油漆。他一丝不苟地刷着，现在他已经刷完了最后一扇门，工作马上就要结束了。就在他把这扇门支起来的时候，突然，门倒在了一面墙上，雪白的墙立即被划出一道漆痕。沃尔顿立即把墙上的漆痕刮掉，再刷上涂料。可是，补上涂料的地方，与整面墙却有一点点不协调。他只好再买来涂料，把整面墙重新粉刷了一遍。可这样一来，这面墙又和其他面墙有些不协调了，虽然不仔细看根本看不出来，但为了墙面颜色一致。他决定将全部内墙重新粉刷一遍。他向主人说明了情况，请主人预支钱给他买涂料，并表示，这涂料钱将从他的工钱里扣除。主人很欣赏沃尔顿一丝不苟的精神，但提醒他说："年轻人，这样一来，你可就剩不了多少工钱了哦。"沃尔顿坚定地回答道："这是我的作品，我不能留下让人指点的瑕疵。"

这所房子的主人叫迈克尔，经营着一家小公司，他主动资助沃尔顿读完了大学。后来，他的女儿也爱上并且嫁给了沃尔顿。

10 年后，他将公司交给沃尔顿经营。沃尔顿接手公司以后，很快就使这家小公司发展成一家在全世界拥有 4000 多家连锁店的大公司，这就是名列世界 500 强的沃尔玛零售公司。仅仅因为一道小小的划痕，沃尔顿就将整栋房子的内墙重新刷了一次，而且涂料钱是由自己来出的，他的理由是因为这是他自己的作品，他不允许让它留下一点点的瑕疵。这种力求完美的态度，来自他强烈的责任感，我们就不难理解他为什么能将一个小小的公司发展成一个名列世界 500 强的零售公司了。

魔力悄悄话

只要做一件事情，就要力求完美地把它做好，因为那是你的"作品"，不能留下让人指点的瑕疵。学习、生活、工作，莫不如此。

第七章
在责任的天地里成长

　　每一个人都应该有这样的信心：人所能负的责任，我必能负；人所不能负的责任，我亦能负。如此，你才能磨炼自己，求得更高的知识而进入更高的境界。责任不是一个甜美的字眼，它仅有的是岩石般的冷峻，一个人真正地成为社会一分子的时候，责任作为一份成年的礼物已不知不觉地落在他的肩上。它是一个你时时不得不付出一切呵护的孩子。而它给予你的，往往只是灵魂与肉体上感到的痛苦。这样的一个十字架，我们为什么要背负呢？因为它最终带给你的是人类珍宝——伟大的人格。

救命的责任

他所在的学校有一栋新盖的实验楼，不同的施工队陆陆续续盖了两年，楼梯栏杆仍是摇摇晃晃的，灯泡各式各样，墙壁只有底灰，没人敢验收。

他任校长后，下决心要整修这栋楼。为了不让污水腐蚀钢筋，他改建厕所；发现楼板间填的不是水泥竟然是水泥纸袋，他找正规的建筑公司重新在楼板间浇灌混凝土；承重柱的直径不够标准，他想办法重新加固到标准的尺寸；沉重的砖栏杆被拆掉，换成轻巧坚固的钢管栏杆……

这栋初建时才花了 17 万元的教学楼，重新加固时花掉了 40 多万元。

对新建的楼，他的要求更严。楼外立面贴的大理石面，只贴一下他不放心，怕掉下来砸到学生，他让施工者在每块大理石石板上都打 4 个孔，然后用 4 个金属钉挂在外墙上，再粘好。

对老师和学生，他的要求也很严。

从 2005 年开始，每学期他都要组织一次紧急疏散演习，每个班有各自的疏散路线，在操场上有固定的位置，每个孩子由固定的通道、固定的门撤离。

他要求二三楼的孩子要快点，四五楼的孩子稍慢点。平常，老师上完课要站在楼梯的拐角处，见到有孩子摔倒了就扶一把。

他的严格要求有了最大的回报——2008 年 5 月 12 日，四川汶川发生 8.0 级大地震，学校周围几乎所有的房子都倒塌了，伤亡无数。

而他所在的学校所有的师生，仅仅用了 1 分 36 秒，就全部安全撤离到了操场。

他所在的学校的墙上写着这样一句话："责任高于一切，成就源于付出。"

他叫叶志平，安县桑枣中学校长。

他的责任心，让全校 2300 多名师生在这场史无前例的大地震中毫发无伤。

叶校长用他的实际行动告诉我们"在其位谋其政"。他是用高度的责任心时刻督促自己一点一点落到实处的。那么，我们究竟应该怎样做才能把这个"政"谋好谋到实处呢？

魔力悄悄话

看到肩上的责任，并且为之付出努力，也许你所做的一切，平时看起来都是无足轻重的，但在关键时刻一定会彰显出成就！

狼宝宝的幸福之家

森林边上的一个动物园里，住着狼宝宝幸福的一家。狼宝宝在狼爸爸、狼妈妈的细心呵护下，健康快乐地成长。因为有饲养员们的照顾，它们不用为了一日三餐四处奔波。

可惜这种无忧无虑的好日子马上就要结束了，因为狼毕竟是野生动物，为了恢复狼的野性，动物园决定要把它们一家三口送回森林里，让它们重新接受大自然的考验。狼宝宝年纪尚小，狼妈妈肩负着照顾狼宝宝的责任，所以最先被放回森林的当然就是最强壮、生存能力最强的狼爸爸了。

离开了心爱的狼宝宝，狼爸爸非常伤心，它经常徘徊在动物园的附近，看起来是那么疲惫，眼神里流露出对狼宝宝和狼妈妈的无限牵挂。它的身体日渐虚弱，好像没吃过什么东西，但是动物园并没有收留它，也没有给它任何食物。

不久，动物园将年幼的狼宝宝也放了出去。

狼宝宝被放出去之后，动物园的管理员们发现，狼爸爸很少回来了。偶尔回来也是带着狼宝宝，远远地对着狼妈妈温柔地轻吠几声。狼爸爸的身体看起来非常强壮，狼宝宝也不像挨饿的样子。

由此看来，狼爸爸已经独自担负起照顾狼宝宝的责任，每天都努力地捕猎。

狼爸爸可真是好样的！于是后来，管理员们就把孤独的狼妈妈也放出去了。

从此以后，狼宝宝一家在森林里过起了幸福而快乐的生活，它们再也没有回过动物园。

动物园的管理员说："狼宝宝被放出去后，狼爸爸是因为有了照顾狼宝宝的责任，所以才振作起来，而三只狼都被放出去后，狼爸爸和狼妈妈都有照顾狼宝宝的责任了，而且它们之间还需要互相照顾，所以它们才最终顺利回归自然，重新开始生活。"

　　独自离开动物园的狼爸爸因失去家人而丧失了独自捕食与生存下去的念头，而担负起照顾狼宝宝的责任后，它又开始努力捕食，身体也越发强壮了。

魔力悄悄话

　　责任是生存的基础，责任确保了生命在自然界中的延续。一个人是否有责任感，决定了他做每一件事的质量。尽你的全力对待你的学习和工作，相信你一定可以做得更好！

对自己负责

有一个刚到加州的孩子，在当地租了一套房子。房东是一名叫汉瑟太太的和蔼可亲的人。

汉瑟太太准备出租的房间因为很久都没有人来住了，堆放着许多零碎的杂物，这些东西每一件都有来历。就拿窗台上的那一排花瓶来说，那是她先生在工厂亲手为她烧制的，每个花瓶底部都刻有他们的名字。孩子听完十分好奇，上前拿起一个大花瓶翻过来看，可花瓶刚一倒过来，便从里边掉出一个小玻璃花瓶，摔在地上打碎了。孩子慌了，他不停地向汉瑟太太道歉，但汉瑟太太却说："没有关系，这只是个意外而已。"

天快黑的时候，汉瑟太太又来了，她检查了一下房间，满意地点了点头。

"那个花瓶呢？"她突然问道。

孩子把手一指，说："在那些垃圾袋里。"

汉瑟太太听了皱起眉头，说："你怎么能将它们放在垃圾袋里呢？"孩子不明白，他不知道为什么碎玻璃不能放在垃圾袋里。"孩子，你必须去把它们清理出来。"汉瑟太太又说。没办法，孩子只好照做了。他把碎玻璃清理出来后，汉瑟太太拿来了一个厚袋子，将花瓶碎片小心翼翼地拾了起来，放进袋子里。最后，她将袋口封住，从怀里拿出一支笔来，在袋口的空白处写上："玻璃碎片，请小心！"做完这些，汉瑟太太微笑着说："好啦，孩子，这样就行了。我们得为我们自己的垃圾负责，别让这些碎玻璃伤到别人的手。"

每次丢垃圾的时候，你有没有为收垃圾的人考虑过呢？

1995 年盛夏，正值空调市场供不应求的时候，却有一个意大利客户跑到格力的卖场，非要退掉刚刚买的空调，理由是空调的噪声太大了。工作人员马上进行了检查，打开外壳一看，发现引起噪声的原因，竟只是空调外壳里的一块很小的海绵没有贴好，这是由于工人操作时不小心才造成的。这件事正好被当时在意大利考察的格力公司的董事长朱江洪碰到。因为一块小小的海绵，竟然就造成了客户要求退机这样大的质量事件，朱江洪觉得，这是格力空调的"奇耻大辱"，是格力人的"奇耻大辱"。

所以，当他赶回公司以后，立马就召开了全体职工大会，讲"小海绵的故事"，一再向大家讲明，生产中无小事，哪怕只是"小海绵"一样的小小的失误，也会造成不可想象的质量事故。如果造成质量事故，其损失并不仅仅是退一款空调那么简单，因为好的信息会扩散，不好的信息也会扩散，速度还会更快，所以最终损失的将是企业巨大的市场份额，如果严重的话还将危及企业的生存。于是，他打出了"狠抓质量，打造精品"的旗号，带领格力人，开始向质量要信誉。

1999年，格力又投入百万元巨奖在全公司推行"零缺陷"工程。然后，凭着坚实的质量保证，格力在空调业破天荒地提出"整机六年免费包修"的质量承诺。在空调市场供不应求的大好时机下，格力公司竟然提出了这样的承诺，无疑是给市场扔下了一枚重磅炸弹，让众多的空调厂家惊叹。然而，正是这项措施，让格力在竞争激烈的空调市场上赢得了消费者的信赖，并逐步发展成为今天让消费者放心的品牌！

格力正是本着对消费者负责的心态狠抓质量，并做好完善的售后服务，才有今天的成功。

魔力悄悄话

无论环境是好是坏，都从严要求自己，你所赢得的将不仅仅是他人的信赖，更将是你人生和事业的成功。

自己的事情自己做好

虽然老师无数次地强调，要按时交作业，但是杰西还是又忘了带作业。于是杰西给妈妈打电话，让妈妈帮他把作业本送到学校。但是妈妈坚持说自己有事情，不能去送，让他自己回家来拿，杰西很不高兴，说妈妈很不负责任。

妈妈没有理会他说的话，仍是坚持让他自己回家拿，杰西没有办法，只好自己回了家，他很不高兴，又要求妈妈开车送他回学校，但是妈妈没有答应他。

放学后，杰西回到家里，很委屈地跟妈妈说，自己在老师和同学面前出了丑，是因为妈妈不给他送作业本，他没有按时交上去，还赌气地说妈妈这样做，是因为不在乎他。

妈妈说："宝贝，你知道妈妈是爱你的，对吗？"杰西承认这点，但还是认为今天妈妈的做法很不负责任。

妈妈接着说："那你的作业本，你自己为什么忘了带呢？"

杰西回答道："是因为我慌慌张张地赶公共汽车，所以就忘了。"

妈妈接着说："你今天忘了带作业本，感觉很不好，对吗？那你有没有从这件事情中学到一些什么呢？"

杰西想了想说："我知道了，妈妈，这是我自己的事，我应该自己负责。以后我会在做完作业以后，立即把它放进书包里去。还有，早上闹钟一响就起床，时间就不会那么紧张了。"

妈妈笑了笑说："你能认识到这是你自己的事情，并且以后都做好它，那就说明你真的长大了，懂得为自己负责任了。"

自己的事情要自己做好，不要一味地依赖父母和老师，因为那是你自己分内的事。

1937 年，中国抗日战争爆发后，加拿大名医、胸外科专家白求恩，毅然放弃优裕的生活，率医疗队来到中国。

有一次，白求恩在病房里巡视伤员病情时，正好有一个小护士在给伤员换药，他便上前细心询问。凭借多年从医的经验，他感觉小护士换的药有些问题，于是便拿过来仔细检查。

他发现了问题的根源——这药瓶里装的药与药瓶上的标签名称不一致！也就是说，药瓶里的药不是要用的药！

白求恩立即严肃地批评了那个小护士："药品本身和标签不一致，这是很严重的错误！我们做医护人员的，在这些事上绝对不可以马虎！想想看，如果药品用错了，轻则会伤害到病人的健康，严重的话还会出人命的！"

然后他立即用小刀把瓶子上的标签刮掉，接着很严厉地说："我们要对同志负责，以后绝不允许再出现这种情况。"

小护士挨了批评，脸涨得通红，眼泪都要流出来了。白求恩心里仍然很生气，但他控制着自己的情绪说："请你原谅我脾气不好，可是，做卫生工作不严格要求不行啊！"

事后，白求恩还为此事专门向政委提出，要加强全体工作人员的责任心。

魔力悄悄话

看到别人犯错误，及时提醒他并要求他改正，是对他人负责任的一种表现。

向需要的人伸出援手

吕爷爷已经 67 岁了，瘫痪在床，生活完全不能自理，全靠老伴王奶奶照顾。王奶奶也已经 65 岁了，身体也不太好，但是她把吕爷爷照顾得很好。吕爷爷吃得胖胖的，身上干干净净的，家里也被王奶奶收拾得一尘不染。

这天，两位老人正在家看电视，突然之间地动山摇，房间里所有的悬挂物品都开始摇晃。"不好！地震了！"吕爷爷和王奶奶一齐喊道。

"快！咱们得快点冲出去，在这儿太危险！"王奶奶忙去扶吕爷爷。

吕爷爷却把她往外推，说："你快走吧，别管我了！"

王奶奶坚持着："我怎么能不管你呢！快，趴在我背上，我背你下楼！"说完强行把吕爷爷背在背上。但是吕爷爷实在太重了，王奶奶的身体有些承受不了。吕爷爷又说："你快走吧，你背不动我的，别管我了！"

王奶奶使劲挺了挺弯曲的脊梁，说："不行！要走一起走！"然后半背半拖地背着吕爷爷一步步向门口挪去……

又一次余震袭来，王奶奶几乎站立不住。她使劲扶着墙，仍是一步步背着吕爷爷下楼，一级，二级，三级……

他们家在七楼，王奶奶咬着牙坚持把吕爷爷背到了三楼。她已浑身是汗，累得走不动了，但她还在坚持着一步步往下挪。还好女儿从单位赶了回来，从王奶奶背上接过了吕爷爷，全家人终于安全逃生。

瘫痪在床的吕爷爷不能行动，在生死存亡的紧要关头，王奶奶把救助老伴脱离危险作为自己义不容辞的责任，克服了常人难以克服的困难，全力保证老伴的安全，谱写了一曲爱的颂歌。

向需要你帮助的人伸出援手，并且全力以赴，这就是你的责任。

2008 年 5 月 12 日，四川绵竹汉旺镇，天空阴沉沉的。下午两点多钟，东汽中学的一间教室里，谭千秋老师正在给大家讲课。突然，房子剧烈抖动起来！地震了！谭千秋老师意识到情况不妙，立即大喊："大家快跑，不要拿东西了！快跑！快！快！"同学们迅速冲出教室，往操场上跑去……

房子摇晃得越来越厉害了，并伴随着刺耳的吱吱声，外面阵阵尘埃腾空而起，而教室里还有 4 位同学和谭老师没有冲出去，眼见着房子就要倒下来了，就在那千钧一发的瞬间，谭老师把 4 位同学一下子拉到了课桌下，他自己则飞身扑了上去，弓着背，张开双臂，死死撑在课桌上，用自己的身体保护着他的 4 个学生。砖块、水泥板重重地砸到他的头上、手上、背上，血顿时奔涌而出，他咬着牙，拼命地撑住课桌，如同一只护卫小鸡的母鸡。

一阵尘土飞扬以后，房子垮塌了，谭老师和他的 4 个学生被埋在了废墟里……

13 日 22 时 12 分，当压在他身上的最后一块水泥板被挪开后，谭千秋老师终于被找到。他双臂张开着趴在课桌上，后脑被楼板砸得深凹了下去，血肉模糊，他的臂下死死地护着的 4 个学生都还活着！

他张开双臂誓死守护学生的形象，被定格成了永恒！

人在面临危险的时候，保护自己是本能，而谭老师却在危急时刻，张开了双臂护卫学生，用自己宝贵的生命诠释了什么叫作"爱与责任"，告诉我们什么叫"恪尽职守"，什么叫"无私大爱"！

魔力悄悄话

当你去担当你的责任时，你就成了一个高尚的人，一个伟大的人，一个让人敬仰的人。

做好该做的事

李老师是一所幼儿园的老师，同时，她还是一个孩子的妈妈。李老师很爱她的学生，也很爱她的女儿。

2008 年 5 月 12 日下午 2 点多，李老师正在照看幼儿园的孩子们睡午觉，突然之间，她感到地面一阵剧烈的抖动，屋子里的东西都开始剧烈地摇晃起来，不好！地震了！李老师马上意识到情况不妙，需要尽快把孩子们转移到外面去。她立即把孩子们叫起来，和其他老师一起，迅速把孩子们转移了出去。有的孩子睡得沉，没有马上醒过来，时间紧急，李老师就一个一个地把他们抱了出去。直到全部孩子都转移出去后，她才长舒了一口气。

孩子们都安全了，她才想起了自己的女儿，也不知道女儿现在是否安全？有没有跑出去呢？有没有被别的小朋友挤到呢？她立即拿起手机给女儿的班主任打电话，但是手机根本没有信号，她无法知道女儿的任何消息，心里很着急，眼泪一下子就涌上来了。

有个叫阳阳的小朋友看到李老师哭了，也哇哇地哭起来。李老师赶紧擦干眼泪，坐到他身边，把他抱起来，亲亲他的小脸，说："阳阳不哭，妈妈很快就来接阳阳了。"

李老师就这样，一直照顾着这些孩子们，一刻也没有离开过。到了下午 5 点多，幼儿园里还有几个孩子没有被家长接走。李老师抱着试试看的心情，再给女儿的班主任打电话，电话终于接通了！得知女儿已经被丈夫接走了，她才终于长出一口气。

那天，她一直等到幼儿园里最后一个孩子被家长接走后，才放心地回了家。

李老师是一位老师，也是一位母亲。当危险来临时，她首先想到的是孩子们，想到的是自己身为老师所应当担负的责任。虽然很担心女儿，但她一刻不离地坚守在自己的岗位上。

尽责——了却君王天下事

如果每个人都在自己的岗位上做好该做的事，尽到自己应尽的责任，那么我们这个社会将是一个和谐的社会，哪怕面临再大的困难或灾难，也一样能挺过来！

刘瑾女士是成都市高新区一家建材厂的职工。有一天，她开着一辆微型面包车去给客人送货。当车走到成都三环路成绵立交桥时，一不小心，只听"砰"的一声，面包车撞在了立交桥的反光胶柱上。车窗的玻璃也被震碎了，玻璃碴划伤了她的脖子，鲜血直往外流。

刘瑾忍住疼痛，立即拨打了 122 报警。然后刘瑾就想，自己撞坏了立交桥的反光胶，应该找相关的单位进行赔偿，但是她又不知道管理三环路的单位到底是哪一个。后来她到医院包扎了一下，就回了家。

第二天一大早，刘瑾就开始拨打 114 查询三环路的管理单位，先后打了二十几个电话都没有找到相关单位。

这时，就有很多人都劝刘瑾不要再"自找麻烦"了，说"人家都没来找你，你反倒主动去要求赔偿"，甚至很多人都笑她傻。但是刘瑾不这么认为，她觉得是自己做了错事，当然应该负责到底，所以坚持不懈地继续查找相关的管理单位。

车祸过去两天之后，她终于通过市长公开电话，找到了建设并暂时管理三环路的单位——成都市干道建设指挥部。联系上之后，刘瑾立即来到干道指挥部，接受了 1900 元的处罚。

交上赔偿金之后，刘瑾终于松了一口气，安下心来。

一位普通的职工，在无人在场的情况下，误损了公物，事后主动报警，并想方设法寻找管理单位，主动要求赔偿，这种勇于承担责任的精神值得我们学习。

魔力悄悄话

无论别人是否知道，犯了错误之后，能够主动承担相应的责任，是一个人具有良好的道德修养的一种体现。做一个敢于承担责任、心灵高尚的人吧。

责任无小事

在丹麦邻近港口的一个鱼市场里，有一个叫劳特的卖鱼大户。老劳特有一个身材高挑的儿子，平时儿子除了上学外，其余时间基本上都在鱼市里帮忙。在许多人看来，老劳特一家一向是大家心中的模范家庭。可是，有一次……

那天，老劳特面色铁青，他把小劳特用力地拽上了汽车。许多人都对老劳特的这个举动有些疑惑，于是上前询问事情的缘由。老劳特严肃地告诉大家："就在今天下午，我的儿子把一个次品保温箱卖给了范德萨，本来我是想晚些时候把这个保温箱拿回厂家退货的！"大家听完都劝老劳特，其中有一个人上前说："谚语里不是说'不知者无罪'吗？这个次品并非小劳特故意卖出去的，这件事就算了吧。"可是老劳特却不这么认为："对，他事先是不知道，可是作为一名店员，在售出商品的时候，就应该先检查清楚。现在，他必须跟我去赔偿别人的损失。"

可是，那天他们并没有找到买主范德萨。

第二天，范德萨带着一箱死掉的鱼来到了老劳特的店前。老劳特叫来了正在学校上课的儿子，让他把那一箱子死掉的鱼放到秤上去称，然后又用计算器算出了范德萨的损失，共有 1000 欧元左右。那可不是一笔小数目。看着自己的儿子，老劳特说："你看，这就是你犯的错误所造成的损失，现在你要为这个错误承担责任。我会帮你在学校请一个月的假，你去帮范德萨干活吧，直到你赔偿完这些钱为止。"

老劳特让小劳特去为范德萨干活来赔偿他造成的损失，你觉得老劳特是否小题大做了呢？

有时，人们往往因一时的疏忽，而导致自己和别人都遭受到损失。想要避免因疏忽所造成的损失，最简单的方法就是做事小心谨慎，同时还要有一份责任心。

在德国，有一名叫克雷斯蒂的高中生，在驾车旅行时为了避让迎面驶来的大货车，不小心撞到了公路边的一棵槭树上。这棵槭树长得十分粗壮，大约有20年的树龄，克雷斯蒂的小汽车当场就报废了，而他本人也受了重伤。后经医院抢救，他好不容易才脱离了生命危险。可是，克雷斯蒂还没有痊愈，一张由当地林业部门开出的赔偿账单便邮寄到了他的家里。赔偿账单上这样写着：

尊敬的克雷斯蒂先生，由于您的汽车撞坏了路边槭树的树皮，所以请您到银行支付625欧元费用。应付款项的明细账单如下：

第一项，树皮损害费。您的汽车将围度为89厘米的槭树的树皮撞破了，虽然事后槭树依然长得茂盛如初，但树皮受损部分长33厘米。按照相关的规定，肇事者应赔偿槭树价值980欧元的55%，即539欧元。

第二项，受损树皮清理费。事故发生后，我们派护树员花了3个小时清理受损树皮，所以您应付相应的劳务费79.5欧元。

第三项，见习费。当时有一名实习生在清理现场帮忙0.25小时，按照相关的规定，您应该支付1.5欧元的费用。

第四项，树皮治疗费。由于树干伤口处被涂上了药膏，所以您应当支付治疗费用5欧元。

不就是撞坏了一块树皮吗？用得着这么麻烦吗？但德国的林业部门却郑重其事，因为他们觉得，树也是有生命的，交通肇事者应该为被撞坏的树负责。

魔力悄悄话

生命的意义和生存的方式都各不相同，但没有贵贱之分，哪怕是花草树木的生命。因为，只有大家一起，共同珍爱环境，才能拥有一个美好的家园。

与责任一路同行

在台湾有这么一所奇特的学校，学生的年龄都在 15～18 岁之间。3000 多名学生中，每年因违反校规校纪被校方开除的，就有二三百人。

学校没有工人，没有保卫，一切都由学生自己去做。

学校实行学长制，三年级学生带一年级学生。全校集合只需 3 分钟。学生见到老师 7 米外要敬礼。学生没有寒暑假作业，但没有一个考不上大学的。

这个学校的校长在教育学生的时候，告诉学生："天下兴亡，是我的责任。教室卫生不好，是我的责任；学校秩序不好，是我的责任……"

所以，每个人都把学校当成自己的，会主动去做学校的卫生工作，教室的灯泡坏了会主动买一个换上，不会把水龙头开着让它任意流淌，没有浪费一滴水的现象……

总之，一句话，每个人都把学校当成自己的，习惯了把责任都揽过来，而不是推出去。

这就是以道德教育为本的忠信高级工商管理学校。在台湾的各大报纸招聘广告上，经常会出现"只招忠信毕业生"的字样。

这所学校的校长叫高震东。他创立的台湾忠信高级工商管理学校及"中信教育法"在台湾有数十万人受益。近年来，高校长多次应邀来大陆讲学，已被山东、云南、贵州、湖南、河南、河北等省的十多所高校授予"客座教授"或成教院"名誉院长"的称号。

学校重点培养的，是同学们的责任感，对学校、对国家、对社会的责任感，也因此让这个学校的学生在社会上广受赞誉，这个学校也成为众所周知的名校。

从做好你身边的每一件小事做起，从爱护你的班集体、爱护你的学校做起，这就是你责任心的体现。

他本名叫约翰·巴提斯物·波克兰，"莫里哀"是他的艺名。他父亲在宫廷做事，这是一个世袭的职位。他父母都希望他能继承父业，但他却坚定地放弃了宫廷任职的大好前程，全身心投入到他热爱的戏剧事业中去，为世人留下了许多不朽的戏剧作品，如《冒失鬼》《可笑的女才子》《丈夫学堂》《吝啬鬼》《伪君子》等，其中《伪君子》被认为是他的代表作。

他也因此被认为是法国 17 世纪古典主义喜剧的代表作家，是古典主义喜剧创建人，是欧洲戏剧界最杰出的喜剧大师。

他一生坎坷曲折，还备受疾病的折磨，不到 50 岁，就患上了严重的胃病。尽管如此，他还是常常带病参加演出。1673 年 2 月，年仅 51 岁的他，又一次登上了演出的舞台，带病表演他的最后一部喜剧《心痛者》（也叫《无病呻吟》）。演出时他不断咳嗽，因痛苦不堪而蹙额，而舞台下的观众却把这看作演员逼真的演技，不时报以雷鸣般的掌声。

莫里哀强忍着病魔对他的折磨，最终演完了这场戏。当演出一结束，他便咯血倒地了，3 个小时后，他就与世长辞。

他把自己的一切都献给了终生奋斗的事业，连临终前都没忘记要把自己应尽的责任继续下去。

莫里哀为了他所热爱的事业奋斗了一生，一直持续到他生命的最后一刻，也没忘记自己应尽的责任。他的生命虽然短暂，却是辉煌的，有意义的，有价值的，对他自己来说，是最完美的。

魔力悄悄话

让责任与生命一路同行！有了生命，就有了我们自己独特的人生旅途，而只有承担起了应尽的责任，我们的生命才精彩，人生才完美！

成为受欢迎的人

一艘轮船正航行在一望无际的大海上，突然，狂风大作，海上掀起了滔天巨浪，船不幸沉没了。船上有 10 个人在轮船沉没之前，幸运地逃上了一艘救生艇。但困难随之而来：由于当时情况紧急，只带了半瓶矿泉水到救生艇上，而何时才能获救却是个未知数，所以现在这半瓶矿泉水就是这 10 个人的救命水。

可想而知，每个人的眼睛都死死盯着这半瓶水，都恨不得立刻据为己有。老船长不得不拿了一杆长枪守着这半瓶水。坐在老船长对面的是一个长得很魁梧的大胖子，他紧盯着那半瓶水，随时准备着扑上去。到了第三天，老船长太累了，打了个盹，就在那时，大胖子猛地扑了上去，拿起水就要喝，被惊醒的老船长立即拿起长枪，用枪管抵着大胖子的脑门命令道："放下！否则我就开枪了！"大胖子只好把水放回了原处。

老船长拿过这半瓶矿泉水，把枪管搭在瓶盖上，眼睛一眨也不眨地盯着坐在对面的大胖子。尽管这样，大胖子的眼睛仍然一刻不离地盯着这半瓶决定 10 个人命运的救命水。双方就一直这样对峙着。后来老船长实在顶不住了，快要昏过去了。可就在他昏过去之前，他把枪扔给了大胖子，只说了一句："你来看着吧！"

本来一心想要喝掉那半瓶水的大胖子，突然感到自己肩上的责任。在接下来的时间里，他尽心尽力地照看着那剩下的半瓶水，每隔 3 个小时，就往每个人嘴里滴上两滴。就这样，他们又在海上漂了 5 天，他们获救时，那半瓶救命的水只剩下瓶底一点点了。

大胖子在被委以重任的时候，心理竟然发生了奇妙的变化。那一瞬间，他认识到自身肩负着重大的责任，并尽职尽责地担负起来。

一位英国公司的总裁因为业务的关系，有一段时间几乎常驻日本，整天在东京和大阪之间来回奔波，每次都是乘坐火车。一次、两次过去，总裁并没觉得有什么特别的地方，但次数多了，他就发现一个非常有趣的现象：他每次坐火车去大阪时，座位总是紧邻右边的窗口；返回东京时，又总是坐在靠左边窗口的位置上。这样每次在旅途中他总能在抬头间就能看到美丽的富士山，让本来枯燥乏味的旅途变得多姿多彩起来。

"不会总有这么好的运气吧？"这位总裁百思不得其解，终于忍不住向为他订票的山口香子询问缘由。山口香子是他的一家供应商公司销售部的一名普通接待员，她的工作职责就是为往来的客人订购飞机票、火车票。

山口香子笑着解释说："哦，是这样的。您乘车去大阪时，日本最著名的富士山在车的右边，而回来时富士山却在车的左侧。而据我的观察，外国人都很喜欢富士山的壮丽景色，所以，每次我都特意为您预订可以一览富士山的位置。希望您能喜欢。"

听完山口香子的这番话，那位英国总裁的内心深处受到了强烈的震撼，他由衷地赞道："谢谢！真是太谢谢你了！你真是一个很出色的雇员！想得这么周到，做得这么完美！"

山口香子却谦虚地笑了，她说："谢谢您的夸奖，这完全是我职责范围内的工作。在我们公司，其他同事比我更尽职尽责呢！"

一个再平常不过的订票工作，山口香子却能设身处地地为他人着想，尽她所能把事情做得如此完美，她也因此赢得了别人的尊重。她对工作的责任心与美丽的"富士山"相映生辉，这样的雇员谁不欣赏呢？

魔力悄悄话

做一件事情也许不难，但是要把它做得尽善尽美却不是人人都能做到的。要想把事情做得尽可能的完美，有时候你所要做的，无非是站在他人的角度多设身处地地考虑一下，然后付诸行动。仅此而已。

责任是习惯

汤姆是一个七八岁的小男孩。有一天，他的爸爸带他去游乐场玩。玩了不一会儿，他告诉爸爸，他要去方便一下，然后就向游乐场的卫生间跑去。

他的爸爸则待在原地等他。5 分钟过去了，他没有回来；10 分钟过去了，他还是没有回来；20 分钟过去了，他仍然没有回来。他的爸爸很着急，于是决定去卫生间看看究竟发生了什么事情。

当他的爸爸刚一走进卫生间，就听到其中有一个小间里传出一种很奇怪的响声。爸爸不知道小汤姆可能在哪一个小间里，于是他就轻声叫他的名字："汤姆，汤姆。"

从那个传出奇怪响声的小间里传出汤姆的回答："爸爸，我在这儿呢。"而那个奇怪的响声仍然没有停止。

他的爸爸很好奇：小汤姆在干什么呢？于是他拉开了那个小间的门，只见小汤姆正忙得满头大汗，在修理马桶的冲水设备呢！原来，小汤姆上完厕所以后，才发现这个马桶的冲水设备出了问题，他无法把脏东西冲下去，因此他也顾不得回到游乐场里去玩了，一个人蹲在那里，千方百计地想修复那个冲水设备。

小汤姆在父母和老师都不在身边的情况下，还能有如此强烈的责任心，这让他的爸爸很是欣慰。

责任是一种习惯。对生活中小事的责任或许不会轰轰烈烈，但这份执着却有着水滴石穿的功效。生活是由点滴小事组成的，对小事负责也就是有责任心的精神实质。

一个学生在生活中遇到了难以解决的问题，他觉得这个问题是这样的巨大，以至于他不知自己该何去何从，但是他又不想放弃，于是他向一位德高望重的老教授请教："尊敬的教授，一个人怎么样才能在人生的低潮期逆流而上呢？"

教授听完他的话，说道："跟我来，我们去做一个实验。"学生默默地跟在教授身后到了操场。他们围着操场走了一圈后，老教授问这位学生："知道我们走这一圈用了多少时间吗？"

学生很纳闷，这是什么实验？跟他向教授请教的问题有什么关系呢？

老教授没有解释，只是告诉他："我们走完这一圈，用了 20 分钟。"然后他让学生搬着一块 5 斤重的石头，围着操场再走一圈。

学生更纳闷了，但他还是照着教授的吩咐做了，因为搬着石头，这一圈，他明显感觉不轻松。当他走完这一圈之后，教授告诉他："你走完这一圈，用了 15 分钟。"接着，老教授又让他搬一块 10 斤重的石头，再走一圈。毫无疑问，这一圈因为石头比上一圈的石头要重一倍，所以学生明显感觉吃力。当他走完这一圈时，教授告诉他："你走完这一圈用了 10 分钟。"

接着，老教授又让他搬了一块 15 斤重的石头，再走一圈。这一圈的石头是第一圈的三倍，所以学生感觉非常吃力，但是这一圈，这位学生仅仅用了 5 分钟。

教授看着气喘吁吁的学生说道："你搬的石头越重，你完成的时间却越短。人生也是这样，好比逆水行舟，不进则退。懈怠责任顺流而下，承担责任逆流而上。"

你肩上的担于越重，越会激发你的斗志和前进的动力。你的成长路上，也许会有许多这样那样的问题，让你备感困惑，感叹人生路途艰难，那么，你有没有想过，或许，这恰恰是你成长的一次机会呢？

魔力悄悄话

人生路上，压力往往便是动力，而前进中遇到的障碍，一旦被你逾越，也将是你成长的一次飞跃。勇敢承担责任，勇于面对困难，你就能很快到达成功的彼岸。

有责任感的人是快乐的

　　大卫 7 岁的时候，妈妈就去世了。爸爸一个人既要工作，又要照顾他，非常辛苦。

　　这一天，爸爸必须出差，无法照顾大卫，他嘱咐了大卫几句，就匆匆出门了。一路上他都在想着：大卫吃没吃饭？会不会哭？就这样，他到了出差地点之后，仍是不时地给家里打电话。让他非常高兴的是，大卫很懂事，告诉他自己一切都很好，让爸爸不要担心。

　　但是爸爸还是不放心大卫一个人在家里，很快处理完事情后，就连夜坐火车赶回了家。一进门，他发现大卫已经睡着了，这才松了一口气。由于太累了，他一点力气也没有了，就想早点休息。

　　可是，当他掀开被子时，他吃惊地发现，棉被下面，竟然有一碗被打翻了的泡面。

　　爸爸气坏了，对着大卫的屁股，一通乱打，边打边教训他："你为什么不乖？这么调皮，把棉被都弄脏了，这样子可怎么睡觉？！"这可是妻子去世后，他第一次动手打大卫呢。

　　大卫哭着说："爸爸，我没有调皮，这是我给爸爸准备的晚饭。"

　　原来大卫知道爸爸晚上会回家，就特地泡了两碗泡面，一碗自己吃，另一碗留给爸爸吃。可是爸爸很晚都没有回家，大卫担心爸爸那碗面凉了，就把它放进棉被下面保温。可是泡面被熟睡中的大卫不小心打翻了。

　　爸爸听了，一下子把大卫搂在怀里说："对不起！爸爸错怪你了。爸爸是全世界最幸福的人，可以吃到儿子亲手做的泡面呢。"

　　如果说照顾大卫是爸爸的责任，那么 7 岁的大卫，早已理解爸爸的辛劳了。他不让爸爸为他担心，还学着照顾爸爸；小小年纪的他，就已经明白了自己肩上所担负的爱的责任。

　　有一次，话剧院演一出大家期待已久的话剧，让人怎么也没想到的是，竟然演砸了！剧院经理非常生气，决定要好好查找一下原因。

经理首先找到导演，导演说了一大堆理由：编剧设计的台词过于拗口、服装师迟到 10 多分钟、灯光师和美工没能按照要求工作、演员的表演还欠火候……经理问他："那么作为该剧的导演，你的责任是什么呢？"导演推脱道："出现这样的问题与我完全无关……"

然后经理问编剧，编剧则说当时剧本里所有的台词都是导演亲自敲定的，至于台词是否过于拗口，他本人一点儿也不知道。接着，服装师、灯光师、美工和演员等等，全都被剧院经理找来，但是同样，他们都有一大堆理由证明自己尽力了，是无辜的。

经理很生气，告诉他们说，此次事件必须找出一个具体的人来担责任。大家竟然找来了刚到剧院不久的一名年轻的剧务。其实这个年轻人来之前，这场话剧早就开始排练了，但是年轻人却没有为自己辩白一句。

后来，在经理的督促下，这场话剧终于又上演了，这次演出轰动了全市。经理很高兴，特意开了一个总结会。会上，要求大家选出一位表现最出色的工作人员，并承诺将给予他极大的奖励。此时，大家都争相发言，都觉得自己是表现最好的，而且互不相让，争论了很长时间都没有结果。

最后，经理却宣布，此次表现最出色的工作人员是当初那位为演出失败承担责任的年轻剧务，因为只有他，在失败时没有推卸自己的责任。

看来，众人的表现是截然不同的：面对功名利禄，总是迫不及待地向前冲；可是责任当前时，却都在推卸搪塞。只有那位年轻的剧务，对本不是他的责任却毫无怨言地承担了下来，他也因此获得了经理的认可。

魔力悄悄话

面对失败的事，主动承担相关的责任，别人可能会暂时责怪你，但却绝不会小看你，相反，你将会因你的责任感而赢得他人的认可和欣赏。